贝壳学术

贝壳新时代书系

会展活动碳足迹核算与碳中和管理

王 进 著

中国财经出版传媒集团
中国财政经济出版社

图书在版编目（CIP）数据

会展活动碳足迹核算与碳中和管理／王进著．--北京：中国财政经济出版社，2022.5

（贝壳新时代书系）

ISBN 978－7－5223－1335－1

Ⅰ．①会…　Ⅱ．①王…　Ⅲ．①展览会－节能－运营管理－研究　Ⅳ．①G245

中国版本图书馆 CIP 数据核字（2022）第 058611 号

责任编辑：崔岱远　　责任印制：刘春年

封面设计：陈宇琰　　责任校对：张　凡

会展活动碳足迹核算与碳中和管理

HUIZHAN HUODONG TANZUJI HESUAN YU TANZHONGHE GUANLI

中国财政经济出版社 出版

URL：http：//www.cfeph.cn

E－mail：cfeph@cfeph.cn

社址：北京市海淀区阜成路甲 28 号　邮政编码：100142

营销中心电话：010－88191522

天猫网店：中国财政经济出版社旗舰店

网址：https：//zgczjjcbs.tmall.com

北京时捷印刷有限公司印刷　各地新华书店经销

成品尺寸：170mm×240mm　16 开　14.5 印张　189 000 字

2022 年 5 月第 1 版　2022 年 5 月北京第 1 次印刷

定价：85.00 元

ISBN 978－7－5223－1335－1

（图书出现印装问题，本社负责调换，电话：010－88190548）

本社质量投诉电话：010－88190744

打击盗版举报热线：010－88191661　QQ：2242791300

前　言

近几年全球气候变化研究不断升温，“碳中和”概念逐渐成为各界关注对象。我国高度重视绿色低碳发展，在第七十五届联合国大会一般性辩论上，习近平总书记郑重宣布，中国将提高国家自主贡献力度，采取更加有力的政策和措施，二氧化碳排放力争于2030年前达到峰值，努力争取2060年前实现碳中和。2020年我国第一次将碳达峰和碳中和写入经济和社会发展第十四个五年规划，其重要性不言而喻。《中共中央关于制定国民经济和社会发展第十四个五年规划和二〇三五年远景目标的建议》中明确提出：广泛形成绿色生产生活方式，碳排放达峰后稳中有降，生态环境根本好转，美丽中国建设目标基本实现。加快推动绿色低碳发展。开展绿色生活创建活动。降低碳排放强度，支持有条件的地方率先达到碳排放峰值，制订二〇三〇年前碳排放达峰行动方案。2021年10月国务院新闻办公室发布《中国应对气候变化的政策与行动》白皮书。《中国应对气候变化的政策与行动》中明确指出，大力发展绿色低碳产业。建立健全绿色低碳循环发展经济体系，促进经济社会发展全面绿色转型，是解决资源环境生态问题的基础之策。白皮书中涉及的绿色低碳产业，不仅仅针对能源、工业、城乡建设、交通运输、农业农村等领域，也将深刻影响我国各行业上下游产业链的布局和重构，其中也包括会展业。

会展碳中和，即通过碳信用、碳交易等方式，抵消会展活动自身直接或间接产生的二氧化碳排放总量，达到零排放效果。我国在会展碳中和领域的研究和探索起步较晚，会展碳中和的理念是通过一系列在我国举办的国际性会展活动而逐渐引入国内，被国人知晓的。虽然我国目前已经是会展活动的举办大国，会展碳中和案例逐年增加，但必须承认，我国会展碳中和在基础理论、测算方法、项目管理、绩效评估等诸多方面还存在许多问题和挑战，需要不断努力地探索和完善。2018 年成都市率先出台了我国第一个地方性会展活动碳中和指南《成都市会展活动碳足迹核算与实施指南（DB5101/T 41—2018）》，标志着地方性政府将会展活动正式纳入管理范围的开始。2019 年生态环境部出台的《大型活动碳中和实施指南（试行）》是我国第一部针对大型会展活动碳中和行动的实施指南，目的在于加强对大型会展活动碳中和的引导，推动践行低碳理念，弘扬以低碳为荣的社会新风尚，树立我国作为负责任大国的国际形象。2021 年出台的《国务院关于加快建立健全绿色低碳循环发展经济体系的指导意见》（国发〔2021〕4 号）进一步明确我国会展行业绿色发展的方向，指导行业制定相关绿色标准以及自身的发展规划和目标。同年北京市也出台了《大型活动碳中和实施指南》，引导社会各界对会展碳中和的关注，积极推进我国会展活动碳中和的稳步发展。

本书以习总书记“两山理论”为背景，结合党中央国务院贯彻执行 2030 年碳峰值行动纲领的要求，基于现有的国内外可持续发展理论以及案例，对会展活动管理基础教学和研究的内容进行创新尝试，使读者了解和掌握会展行业低碳发展与碳中和管理的基本方法，并能够运用这些方法解决现实中会展活动的相关问题，为未来会展行业培养跨行业、高素质人才打基础。同时本书通过大量的扩展阅读与跨行业领域分析，丰富读者在会展活动碳中和方面的相关知识。

因笔者水平有限，本书一定有许多缺点和不足之处，敬请读者批评指正。

目　　录

会展活动碳足迹核算与碳中和管理

Chapter 1

第一章 会展产业现状与会展活动碳中和概念

本章学习目的是了解我国会展活动碳中和理念与可持续发展的关系，简要介绍会展活动碳中和相关概念，为后续章节碳足迹核算和碳中和管理提供知识基础。

第一节　会展碳中和与可持续发展

一、会展活动碳中和理念的背景

（一）我国会展产业发展现状

会展业由于其低污染、低能耗、投入少、回报大等特点，一度被认为是最有潜力的“绿色产业”之一。随着我国国民经济的不断发展，我国会展业进入快速发展阶段。就我国会展规模而言，2011 年至 2019 年总体呈上升趋势（见图 1－1），2019 年会展规模几乎在 2011 年的基础上翻倍，反映了我国近十年来经济发展的成效。就发展速度而言，2011 年至 2017 年为高增长期，2018 年至 2019 年由于宏观经济下行压力持续加大，我国会展业保持了低速增长态势。

然而随着我国会展业的不断发展和壮大，会展活动在资源的有效利用方面逐渐被打上“不可持续发展”的印记，能耗高、浪费大的情况日益增加。近年来，随着世界各国对气候变化关注的不断升温，“碳中和”概念逐渐成为焦点和热词。碳中和作为一种有效的环境管理工具和手段，越来越获得政府、组织、社会公众的支持和青睐。我国高度重视绿色低碳发展，在第七十五届联合国大会一般性辩论上，习近平总书记郑重宣布，中国将提高国家自主贡献力度，采取更加有力的政策和措施，二氧化碳排放力争于 2030 年前达到峰值，努力争取 2060 年前实现碳中和。2020 年我国第一次将碳达峰和碳中和写入经济和社会发展第十四个五年规划，其重要性不言而喻。《中共中央关于制定国民经济和社会发展第十四个五年规划和二〇三五年远景目

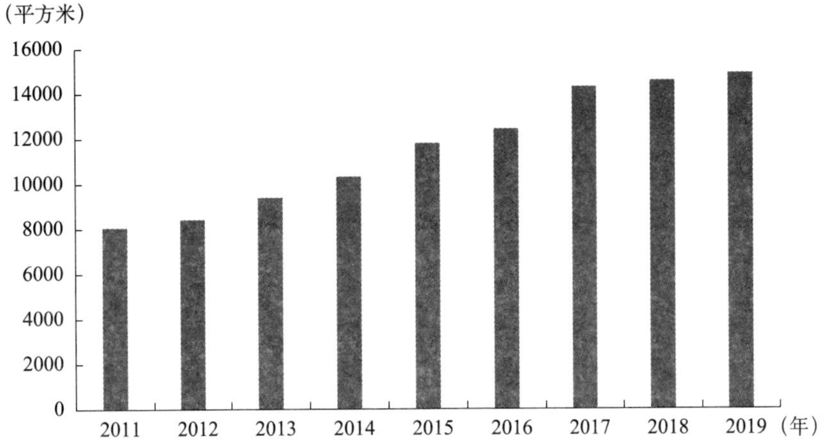

图 1－1 2011 至 2019 年全国会展规模趋势

数据来源：中国会展经济研究会。

标的建议》中明确提出：广泛形成绿色生产生活方式，碳排放达峰后稳中有降，生态环境根本好转，美丽中国建设目标基本实现。加快推动绿色低碳发展。开展绿色生活创建活动。降低碳排放强度，支持有条件的地方率先达到碳排放峰值，制定二〇三〇年前碳排放达峰行动方案。2021 年 2 月国务院出台的《国务院关于加快建立健全绿色低碳循环发展经济体系的指导意见》（国发〔2021〕4 号）中明确提出：推进会展业绿色发展，指导制定行业相关绿色标准，推动办展设施循环使用。这些政策建议为我国会展业绿色发展指明了前进的方向。

（二）会展活动碳中和与可持续发展

会展活动碳足迹核算与碳中和管理属于低碳会展活动的研究范围，是可持续发展会展活动管理的一部分。

首先，会展活动碳足迹核算与碳中和管理的研究对象仅限于二氧化碳（CO_2），除二氧化碳以外的其他温室气体，比如甲烷（CH_4）、氧化亚氮（N_2O）等不纳入本书研究范围，所以在碳足迹核算以及碳中和管理过程中排除会展活动各环节中涉及其他温室气体足迹的项目活动，比如废水处理（废水处理过程伴随甲烷产生而不是二氧化碳）等，仅聚焦于产生二氧化碳的项目活动。

其次，可持续发展会展活动管理不仅涉及温室气体足迹管理，同时还包括其他方面内容，比如会展活动对环境和周边居住条件的影响（噪音危害问题、球迷闹事问题等）、对交通路况的影响（交通拥堵影响周边出行问题等）、对出行安全的影响（大量车辆进出对行人的人身安全问题等）、对市容市貌的影响（大量垃圾废弃物堆积和处理问题等）、对资源有效利用的影响（浪费水、食物浪费问题等）等。西方国家甚至将会展活动主办方是否存在非法雇佣关系、雇员是否平等对待、采购的商品是否可以溯源、采购商品的原料是否非法获取等因素也作为会展活动可持续发展的相关内容之一。

二、国内外会展活动碳中和的发展历程

会展活动环境影响的分析研究起源于 1994 年挪威利勒哈默尔冬季奥运会，起因是由于 1992 年法国阿尔贝维尔冬季奥运会对生态环境造成的破坏性影响而导致利勒哈默尔冬季奥运会不得不将绿色发展纳入评价体系（Cantelon 和 Letters，2000）。在此之后，越来越多的大型赛事、会议等开始陆续关注社会活动对生态环境造成的影响，特别是碳排放问题。2004 年在阿根廷首都布宜诺斯艾利斯举办的第十届联合国气候变化大会是首个对碳足迹进行记录和报告的联合国气候变化会议，2005 年在加拿大蒙特利尔举办的第十一届联合国气候变化大会成为首个宣布碳中和的联合国气候变化会议（Sancha 和 Bannister，2012）。2005 年 7 月 6 日至 8 日在英国爱丁堡召开的八国会议宣布投资 5 万英镑于非洲碳补偿项目，以抵消八国会议期间旅行和能源消耗所产生的碳足迹量，通过实际行动实现碳中和。2006 年意大利都灵冬季奥运会在奥运会历史上首次对碳足迹进行记录和报告，对

赛事期间所产生的近10万吨二氧化碳通过林业、节能减排和可再生能源项目进行碳抵消，实现全程碳中和。同年在德国举办的第十八届世界杯足球赛是该项赛事中首次记录和报告碳足迹，并且实现碳中和的赛事（Stahl 等人，2007）。2007 年在巴厘岛举行的第十三届联合国气候变化大会成为首个通过购买碳信用额来实现碳中和的联合国气候变化会议（Sancha 和 Bannister，2012），之后联合国会议更是将碳中和写入会议目标要求（UNEP，2012b）。

我国在会展碳中和领域的探索和研究起步较晚，"会展碳中和"这个可持续发展的理念是通过一系列在我国举办的国际性会展活动而逐渐引入国内，被国人知晓的。2010 年 9 月 2 日召开的百度世界大会是我国第一个"零碳会议"。同年 10 月 4 日至 9 日在天津举行的联合国气候变化会议则是我国首个碳中和国际会议，会议结束后由中国绿色碳汇基金会出资 375 万元，在山西省襄垣、昔阳、平顺等县营造 5000 亩碳汇林，预计 10 年内可将会议产生的约 1.2 万吨二氧化碳全部吸收。2014 年亚太经合组织（Asia-Pacific Economic Cooperation）会议通过在北京怀柔区和河北康保县种植 1274 亩林木抵消该会议产生的 3903 吨碳足迹，在该会议举办 22 次后首次实现碳中和，同时也是中国政府举办的第二个碳中和国际会议。2018 年国际竹藤组织在机构内部建立了碳补偿基金，该基金通过从其职员每次旅行中提取相应比例的费用捐赠到中国绿色碳汇基金会，用于造林来补偿该机构因公务飞行等活动造成的碳足迹。

国际性大型会议和会展活动在我国实施的碳中和案例对我国会展产业的低碳发展起到有效的引领作用。同时会展活动碳中和理念在我国传播和扩散的进程中，各公益组织，比如中国绿色碳汇基金会、老牛基金会等，扮演着重要角色，对我国会展碳中和发展的催化作用明显。如 2010 年 12 月 19 日举办的第三届"中国生态文明与绿色竞争力国际论坛"通过中国绿色碳汇基金会出资在内蒙古多伦县种植 10 亩林地，在未来 5 年内将会议所产生的 15.52 吨碳足迹全部吸收，实现碳中和目标。2011 年 1 月 5 日至 6 日举行的全国林业厅局长会议通过基金会在陕西省延安市造碳中和林 15 亩，用于抵消该会议产生的碳足迹。2011 年举办的“2011 中国绿色公司年会”成为“中国绿色公司年会”创办以来首个碳中和会议，会议期间产生的 65.5 吨二氧化碳碳足迹由中国绿色碳汇基金会组织在内蒙古和林格尔县营造 53 亩碳汇林进行抵消。基金会还出资在泰山国家森林公园营造碳中和林 10 亩，将 2011 年 9 月 16 日举行的全国秋冬季森林防火工作会议造成的 56 吨碳足迹全部吸收，实现该会议的碳中和目标。在基金会积极引导下，其他会展活动诸如 2011 年贵阳市环境管理与污染治理专家大讲堂、2014 年 10 月举办的观澜湖世界高尔夫明星赛等都通过实现碳中和为目标，向观众们传播零碳环保的生活理念和方式。

在会展活动碳中和实践发展的同时，各国政府机构和各国际相关组织陆续研究并出台会展活动可持续发展的相关标准和操作规范。2006 年，政府间气候变化专门委员会（Intergovernmental Panel on Climate Change，以下简称 IPCC）发布《2006 IPCC 国家温室气体清单指南》（2006 IPCC Guidelines for National Greenhouse Gas Inventories，以下简称《2006 IPCC 指南》）成为很多国家和各类组织碳足迹核算主要参考文件材料的理论来源之一。同年，国际标准化组织（International Organizaiton for Standardization，以下简称 ISO）在碳足迹核算方面也发布相关的指导性材料《ISO 14064—1：在组织层面温室气体排放和移除增量的量化、监测和报告指南性规范》（ISO 14064—1：Specification with guidance at the organization level for quantification and reporting of greenhouse gas emissions and removals，以下简称《ISO 14064—1》），该规范对会展活动碳足迹核算具有指导性参考作用。英国标准协会（British Standards Institution，以下简称 BSI）在 2007 年发布《BS 8901—2007：活动可持续性管理系统规范》（BS 8901—2007：Specification for a sustainable event management system with guidance for use，以下简称《BS 8901—2007》），该规范在 2009 年被 BS8901—2009 取代并一直沿用至今，目前也是全球很多可持续发展会展活动的指导材料。鉴于碳中和在全球会展活动行业的逐步开展，在随后的时间内各组织陆续发布许多相关的指南和规则，如 2009 年联合国环境署（United Nations Environmental Programme，以下简称 UNEP）发布的《UNEP 绿色会议指南》（UNEP Green Meeting Guide），2010 年 BSI 发布的《PAS 2060：2010 碳中和示范规则》（PAS 2060：2010 Specification for the demonstration of carbon neutrality），2011 年 UNEP 推出的《UNEP 可持续发展会展活动指南》（UNEP Sustainable Events Guide），2012 年 ISO 发布的《会展活动可持续发展管理系统—使用指南和要求》（Event Sustainability Management Systems-Requirements With Guidance for Use）等以及近几年发布的重要参考材料，如国际奥委会（International Olympic Committee，以下简称 IOC）发布的《奥运会碳足迹方法学》（Carbon footprint methodology for the Olympic Games），欧盟委员会（European Commission，以下简称 EC）发布的《欧盟可持续发展会议与活动举办指南》（Guidelines on Organising Sustainable Meetings and Events at the Commission）等。

国内外会展活动碳中和项目的陆续实施也引起我国相关政府机构的重视，2018 年成都市发展与改革委员会出台了《成都市会展活动碳足迹核算与碳中和实施指南（DB5101/T 41—2018）》，成为我国首个地方性会展碳中和标准。2019 年我国生态环境部出台的《大型活动碳中和实施指南（试行）》是我国第一部针对大型会展活动碳中和行动的实施指南，目的在于加强对大型会展活动碳中和的引导，推动践行低碳理念，弘扬以低碳为荣的社会新风尚，树立我国作为负责任大国的国际形象。2021 年北京市生态环境局实施、市场监督管理局发布《北京市大型活动碳中和实施指南（DB11/T 1862—2021）》，成为继成都之后第二个地方性会展活动碳中和实施指南。

三、会展活动碳中和研究与文献回顾

会展活动碳中和在行业与各国际组织的不断推动下有序发展，成为会展行业积极应对全球气候变化的手段之一。而同时与之相匹配的学术研究却严重滞后，原本在基础知识、方法论等方面理应成为引领者角色却变成该领域的追随者（Weidema 等人，2008）。早期的会展活动碳足迹核算研究，主要聚焦碳足迹核算的方法和模型本身。Hischier 和 Hilty（2002）对苏黎世举办的 2001 年第 15 届国际环境信息研讨会在交通出行、会议用品、会议组织工作等项目进行碳足迹核算。由于该研究仅核算会议产生的直接环境影响，故其碳足迹核算模型没有将其他项目，比如住宿、餐饮和会议室能耗等纳入核算范围。Jones（2008）对英国举办的 2004 年世界拉力锦标赛碳足迹进行系统性的核算，其核算模型涵盖交通出行和赛事相关开支两大部分，其中交通出行项目包括观众出行、选手以及团队出行两分项，而赛事相关开支则包括观众开支、赛事主办方的相关开支等。Dolf 等人（2011）对 2011 年美国哥伦比亚大学的一场篮球赛进行赛事碳足迹的核算，系统性地将交通出行、住宿、餐饮、固废垃圾、现场电耗能耗五类项目纳入核算体系。Edwards 等人（2016）利用 Dolf 等人（2011）的赛事碳足迹核算模型，对 2012 年至 2013 年间亚利桑纳大学举办的各类大型活动碳足迹进行核算。Neugebauer 等人（2019）将体育赛事的碳足迹核算应用于学术会议，其核算模型在前人基础上根据会议的特点，将会议采购、会议工作组电耗等项目纳入碳足迹核算范围。Roberts 和 Godlee（2007）号召医学界要以身作则，对医学学术会议采取节能减排措施，降低会议碳足迹，为应对气候变化做出表率。Olena 等人（2020）从交通出行、住宿、餐饮、固废垃圾、会议物资采购五大项目阐述医学学术会议如何落实碳减排措施，采用何种碳抵消的方式达到碳中和效果。

除了在碳足迹核算模型方面研究的不断突破，随着越来越多的会展活动碳中和案例落地，对会展活动碳足迹核算也陆续扩展至其他项目。比如 Dolf 和 Teehan（2015），Dosumu 等人（2017）等侧重对大型体育赛事的交通出行方面碳足迹进行核算；Achten 等人（2013），Desiere（2016），Collins 和 Cooper（2017）等侧重对会议活动的交通出行方面碳足迹进行核算；Spinellis 和 Louridas（2013）核算会议用纸在其生命周期内所产生的碳足迹；Zeng 等人（2014）核算 2010 年上海世博会期间固废垃圾处理的碳足迹以及对应的碳减排措施；Stroud 和 Feeley（2015），Stavros 等人（2018）等讨论场馆选址对会展活动碳足迹的影响；Jckle（2021）通过对比分析欧洲政治研究联合大会网络会议和线下会议两种不同举办形式产生的碳足迹，提出诸多未来会议在节能减排方面的建议。

会展活动碳足迹核算的目的除了对活动本身进行碳足迹评估、实施节能减排措施以外，更重要的是对产生的碳足迹通过不同方式进行抵消，达到碳中和的效果。Econ Pöyry（2009）从交通出行、展前基础设施建设、场馆电耗能耗和住宿四大方面，对即将举办的 2010 年世界杯足球赛所产生的碳足迹进行预测，并详细阐述了举办城市相关政府部门可采取的碳抵消方法与措施。Diederichs 和 Robers（2015）分析和讨论作为 2010 年南非世界杯足球赛和第 17 届联合国气候变化大会的举办城市——南非德班如何对这两场活动所产生的碳足迹进行抵消，并回顾了所采取的碳抵消方式和碳中和规划对德班当地经济带来的正面效应。Crabb（2018）以 2014 年世界杯足球赛巴西马托格罗索州的一个新建足球场馆为背景，阐述其在球场建造过程中所产生的碳足迹是如何通过当地新建碳汇林进行碳抵消，并深度分析该项目在碳抵消过程中所遇到的一系列问题。

会展活动碳中和研究是一个跨学科、跨专业的新领域，国外对其进行的研究正处在边探索边实践阶段。相比国外，我国在会展碳中和领域的研究起步较晚，主要集中在碳中和理念认知以及国外碳中和案例的介绍与分析方面，整个研究领域呈现理论知识碎片化、研究创新滞后化等特点。曾少军和岑宁申（2008）在总结历届奥运会绿色概念的基础上，针对我国 2008 年北京奥运会提出许多赛事碳中和的建议，是国内较早介绍碳中和概念的文章之一。徐锭明和李怒云（2013）介绍和阐述会展碳中和的相关概念并罗列国内外会展实施碳中和的案例。刘智（2016）研究碳中和会展实践及其关键要素，探讨碳中和目标下低碳会展如何推进。现阶段我国会展碳中和的研究，在很多方面，诸如在碳排放项目的判定原则、核算对象的确认、核算边界的确定、核算方法的采用等一系列核心问题上既没有统一的业内标准，也没有形成成熟的理论体系，这对于我国会展碳中和领域的研究，既是挑战也是机遇。

会展活动碳足迹核算方法的制定以及碳中和规划的实施，是会展产业应对气候变化的重要举措，使我国会展活动碳足迹核算的实施机构有明确的标准可以遵循，有利于增强会展产业自身节能减排的战略规划，推动践行低碳理念，从而实现节能减排的良性循环，弘扬以低碳为荣的社会新风尚。我国目前已经成为全球第一大会展举办国，拥有丰富的实践经验。通过对国外案例分析，总结经验，再结合我国国情，形成理论知识体系，符合习近平总书记提出的坚持理论指导和实践探索的辩证唯物主义世界观和方法论，是我国低碳会展产业发展的有效路径。

第二节　会展活动碳足迹核算与碳中和概念简介

一、基本概念

（一）会展活动

会展是会议、展览、大型活动等集体性活动的简称，是指在一定地域空间，规模性聚集在一起形成的定期或不定期、制度或非制度地传递和交流信息的活动。狭义的会展仅指会议和展览会，而广义的会展则是会议、展览会、节事活动的统称。本书所涉及的会展活动为广义的会展概念，以我国2019年发布的《大型活动碳中和实施指南（试行）》中对活动的定义为标准，主要包括：

- 会议（大中小各型会议、论坛等）；
- 展览会（展览、展销等）；
- 体育竞技活动（地方性、全国性、承办国际性等）；
- 文化娱乐活动（演唱会等）；
- 节庆活动（文化节、游行等）。

（二）会展活动主体

本书参考《BS 8901：2007》和《BS 8900相关方界定和参与指南》（BS 8900 Guidelines for stakeholder identification and engagement）对会展主体的定义，明确会展主体包括：

- 会展主办方（包括雇员、志愿者群体、急救服务、现场保安以及安全服务、邀请嘉宾等）；
- 会展场地提供方；
- 供应商、供应链单位；
- 承包商等；
- 会展项目业主；
- 参展商；
- 会展顾客、观众、参与者等；
- 其他方（产业利益组织、当地社区、立法机构、相关非政府组织等）。

由于本书采用广义的会展活动定义，考虑后续章节碳足迹核算涵盖大型会展活动，尤其是奥运会、世博会等系列活动会涉及城市基础设施和交通规划，需要会展主办方与举办城市相互配合实施，为了较为准确和全面地对会展活动碳足迹进行核算，本书将会展活动举办城市纳入会展主办方的定义边界。

（三）会展活动碳排放（Carbon Emission）

根据我国2021年颁布的《碳足迹权交易管理办法（试行）》，碳排放是指煤炭、石油、天然气等化石能源燃烧活动和工业生产过程以及土地利用变化与林业等活动产生的温室气体排放，也包括因使用外购的电力和热力等所导致的温室气体排放。结合会展活动的相关概念，会展活动碳排放是指由会展活动引发的煤炭、石油、天然气等化石能源燃烧活动产生以及因使用外购的电力和热力等所导致的二氧化碳排放。

（四）会展活动碳足迹（Carbon Footprint）

会展活动二氧化碳碳足迹，参考IOC的《奥运会碳足迹方法学》定义，是指某场会展活动各项目所产生的二氧化碳实际排放量。而对此项会展活动的碳足迹进行测算的过程，被称为会展活动碳足迹测量或核算（Carbon Footprinting或者Carbon Emission Estamation）。

（五）会展活动碳排放方式分类范围（System Boundary）

ISO在温室气体排放国际标准《ISO 14064》中将碳足迹项目分类边界根据“直接”和“间接”的方式确认为三类范围，即Scope 1，2和3。结合会展行业的特点和实际情况，对此三类范围的定义进行行业延伸：

- 范围1（Scope 1）：会展活动碳足迹核算期内由机器、设备和车辆的化石燃料燃烧直接产生的碳足迹，比如工作车辆等；
- 范围2（Scope 2）：会展活动碳足迹核算期内由购入能源所产生的间接碳足迹，比如供电、供热、制冷等；
- 范围3（Scope 3）：会展活动碳足迹核算期内上下游相关联的

其他项目所产生的间接碳足迹，比如出行、采购、垃圾处理等。

以上三种碳足迹分类范围为会展活动所涉及的各项目碳足迹提供比较清晰和全面的分类指导。世界企业永续发展委员会（World Business Council For Sustainable Development，以下简称 WBCSD）在其2004年出版的《温室气体协定书》（The GHG Protocol）中要求企业在其碳足迹报告中至少披露范围1和范围2的碳足迹量，范围3的碳足迹量可以选择性披露。在会展活动碳足迹核算方面，目前国际性大型会展活动（比如奥林匹克运动会、世界杯足球赛以及世界博览会等）碳中和报告涵盖以上三个范围的所有碳足迹项目。

二、会展活动碳减排（Carbon Reduction）与碳中和（Carbon Neutrality）流程

（一）会展活动碳减排

会展活动碳减排是指会展活动主办方对会展活动各环节采取科学合理的规划，采用节能减排技术，以达到减少二氧化碳排放量的目的。实施会展活动碳减排需要按照以下步骤实施（见图1－2）：

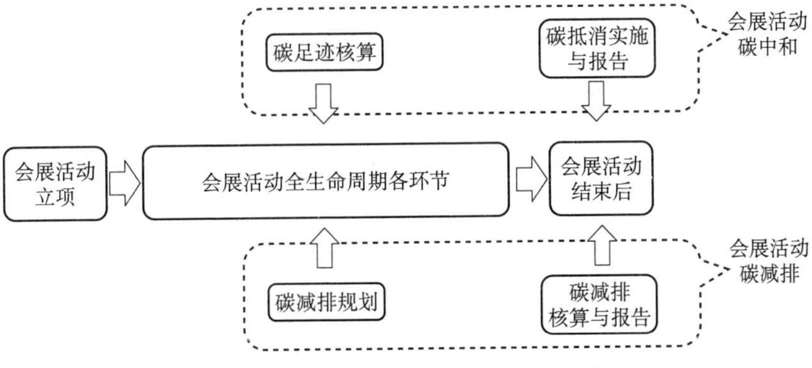

图1－2　会展活动碳减排与碳中和流程

①会展主办方在会展活动开始之前对会展活动所涉及的所有碳足迹项目进行确认、整理和分类，结合已知信息和条件，对各项目进行

碳排放量的预测（Initial Carbon Footprinting）；

②针对确认的碳足迹项目，通过科学合理的规划和节能减排技术的应用进行碳减排方案的制定（Carbon Reduction Planning）；

③在会展活动实施过程中，对各个碳减排项目进行监测和评估（Monitoring and Assessment）；

④在会展活动结束后，对各确认项目的实际碳足迹进行核算，与步骤①中各确认项目的碳足迹预测进行对比，并制成碳减排报告（Carbon Reduction Reporting）。

具体会展活动各项目的碳减排方法和措施，会在本书的后续章节详细阐释，此处不再具体展开。会展活动碳减排报告是会展活动主办方对完成的碳减排工作做出的公开性陈述或者宣传，是面向公众和用户的碳足迹信息公示。为了提高碳减排报告的准确度和公信力，会展活动主办方可委托有资质的审定核查机构对会展活动碳减排核算报告进行客观公正的审定和核查。

（二）会展活动碳中和

碳中和（Carbon Neutrality），又称碳平衡（Carbon Balance），参考我国2019年发布的《大型活动碳中和实施指南（试行）》中的定义，会展活动碳中和是指通过购买碳配额、碳信用的方式或通过新建林业项目产生碳汇量的方式抵消大型活动的温室气体足迹量。根据定义，会展碳中和概念包括两大部分：碳足迹的核算和碳抵消的实施。实施流程包括以下环节（图1－2）：

①在会展活动实施过程中，对各个碳足迹项目进行监测和评估（Monitoring and Assessment）；

②在会展活动结束后对会展活动各项目的碳足迹进行核算（Carbon Footprinting）；

③在会展活动结束后，根据碳足迹核算结果实施碳抵消（Carbon Offsetting）并制成碳中和报告（Carbon Reduction Reporting）。

我国在会展活动碳足迹核算与碳抵消操作过程中，要求具有审定核查资质的机构对碳中和结果进行审定核查，从而保证报告的准确度和公信力。

很多国际性大型会展活动主办方在会展活动碳中和管理方案内容中既涉及会展活动碳减排又涉及会展活动碳中和，其实施流程为：

①会展主办方在会展活动开始之前对会展活动所涉及的所有碳足迹项目进行确认、整理和分类，结合已知信息和条件，对各项目进行碳排放量的预测；

②针对确认的碳足迹项目，通过科学合理的规划和节能减排技术应用等方式方法进行碳减排方案的制订；

③在会展活动实施过程中，对各个碳减排项目进行监测和评估；

④在会展活动结束后对会展活动各项目的碳足迹进行核算；

⑤在会展活动结束后，对各确认项目的实际碳足迹进行核算，与步骤①中各确认项目的碳足迹预测进行对比，并制成碳减排报告；根据碳足迹核算结果实施碳抵消并制成碳中和报告。

根据以上操作流程，本书在第二章着重阐述会展活动各个项目的碳足迹核算，在第三章着重阐述会展活动各类碳抵消的方式以及如何实施碳抵消。

（三）碳足迹核算与碳中和报告的基本原则

为了确保对会展活动碳披露相关信息进行真实和公正的说明，在进行碳足迹核算与碳中和报告时应当遵循下列原则：

- 完整性（Completeness）。详细记录会展活动各项目碳足迹核算、碳抵消等信息内容，对于任何没有纳入核算的碳足迹要进行标注并说明理由；
- 相关性（Relevance）。结合会展活动特点，选择合适的数据收集方法和核算方法；
- 一致性（Consistency）。确保核算边界、数据来源、参考因子的选择等在不同时间点保持一致；

- 透明性（Transparency）。关键核心信息需要完整和充分地发布，使碳中和报告对目标读者具有较高的参考价值；
- 准确性（Accuracy）。结合当下的科技水平和研究方法，尽可能减少误差和不确定性。

问题与思考

1. 请阐述国外会展活动碳中和的研究和发展路径。

2. 请阐述会展活动碳中和研究和会展活动可持续发展研究的关系。

3. 请举例在我国国内发生的地方性、区域性、全国性和国际性会展活动各一个，并指出相关的会展活动主体。

4. 会展活动碳足迹主要来源有哪两大类，请详细解释并举例说明。

5. 请阐述什么叫会展活动碳中和？会展活动碳中和包括哪些步骤和流程？

第二章　会展活动碳足迹核算与碳减排设计

本章学习如何估算与核算会展活动各项目的碳足迹，并且通过国内外会展活动的案例分析，学习和掌握碳减排方法，为将来我国会展活动的节能减排策划和管理提供知识基础。

第一节 会展活动全生命周期碳足迹

一、会展活动全生命周期概念

会展活动碳中和项目与其他行业（比如航空、能源等）的碳中和项目相比，有其行业的特殊性。每一场会展活动，都有一个从启动、策划、筹备、执行、收尾等各环节组成的完整闭环。在管理运营上，该闭环概念被称为会展活动的全生命周期（Life Cycle of the Event）。利用全生命周期概念分析会展活动各环节碳足迹，目的是对整个会展活动进行系统性和全面性的梳理，从而提高整个会展活动碳足迹总量核算的准确度。

对于会展活动主办方而言，会展活动全生命周期边界包括三个阶段：

①展前阶段（Pre-event）；

②展中阶段（Event-excution）；

③展后阶段（Post-event）。

会展活动全生命周期展前阶段的时间节点，是从会展活动立项之日起，至正式开始前止，通常包括会展活动的举办申请、展前策划、前期筹建和准备等环节。立项时间通常以会展活动主办方官方公布的时间点或者与合作方签订的合同开始之日为准。中小型会展活动的展前阶段往往在数周、数月甚至一年之内不等，而大型会展活动，如奥运会、世界杯或世博会等，往往需要数年的展前准备时间。

中小型会展活动普遍按照会展活动主办方官方宣布的开始时间和结束时间作为会展活动全生命周期展前/展中、展中/展后的判定边界，如邀请函或者会议通知确认的开始时间。大型会展活动亦可通过某种特定的仪式或者活动环节来判定会展活动全生命周期展前/展中、展中/展后的边界，如开幕式/闭幕式、活动启动仪式/颁奖结束仪式、首映式等。

会展活动全生命周期展后阶段为项目的收尾阶段，项目完成的最后时间以主办方设置的结束时间为准。IOC 对奥运会全生命周期的边界定义是以举办城市被公布的日期作为其全生命周期起点，以 IOC 组委会与举办城市解除法律协议的日期作为正式结束时间。根据历届奥运会的案例显示，解除法律协议期通常在奥运会结束一年以后，对于碳足迹核算而言，有效的展后碳足迹核算阶段通常为闭幕式结束以后 3 至 4 个月的时间内。

二、会展活动碳足迹核算责任主体以及项目

（一）责任主体的判定标准（Responsibility Spheres Identification）

由于对会展碳中和领域的研究起步较晚，目前国内外没有统一的碳足迹责任主体判定标准。一些较早开展碳中和探索的国际性体育赛事主办方建立起一套符合自身逻辑的确认方法，即“谁污染谁负责（The Pulloter Pays）”原则。比如：

• 由主办方全资资助的会展活动项目，主办方承担其全部的碳足迹责任并负责对其进行碳抵消；

• 如果项目活动由主办方出资一部分，则主办方按照出资比例承担相应的碳足迹责任并按比例进行碳抵消；

• 如果项目活动的出资方与主办方无关，则主办方无须承担该项目的碳足迹责任。

目前 IOC、国际足球联合会（Fédération Internationale de Football Association，以下简称 FIFA）和其他国际性赛事等主办方对碳足迹责任主体的区分根据此判定方法进行判定。在我国目前已实施的会展活

动碳中和案例中，通常主办方也按照同样方法进行判定。

（二）会展活动碳足迹核算项目（Event Activities）的判定标准

对会展活动碳足迹核算项目的选择，核算方需要根据会展活动主办方的项目预算花费，结合会展活动规模、特点和性质进行判定。图2-1中的决策树提供了会展活动项目是否应纳入碳足迹核算范围的判定原则和流程。

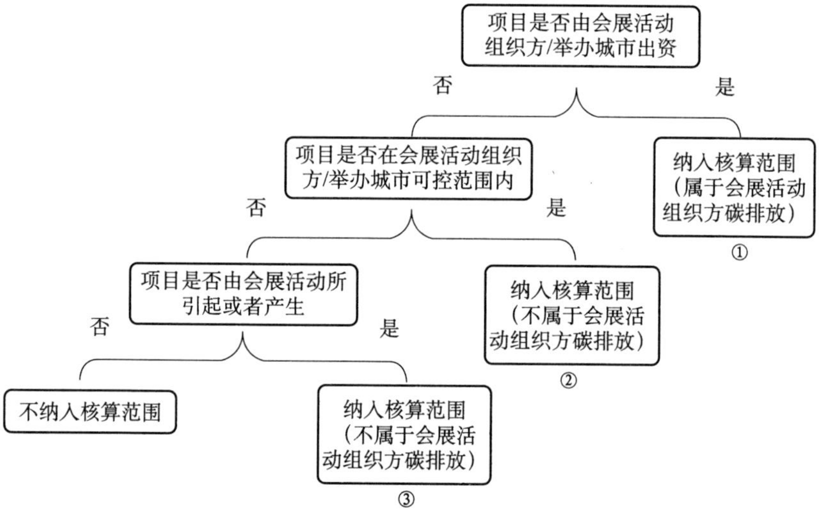

图2-1　会展活动项目碳足迹判定原则

会展活动碳足迹总量由两部分组成，即由会展活动主办方产生，和由其他方产生的。会展活动碳足迹总量的各个项目，由图2-1中的①、②和③三类组成。首先确定类型①。判断项目是否由会展活动主办方/组织方/举办城市出资，可以直接通过责任主体的财务报告进行确定。如果该项目在类型①范围之外，则进一步需要确认该项目是否在会展活动主办方/组织方/举办城市的可控范围内，即类型②。比如，会展活动举办城市的公共交通和出租车不是由会展活动主办方出资，而是由举办城市的相关企业负责运行和维护，在举办城市政府的可控范围内，此类活动所产生的碳足迹属于类型②的项目。如果项目在类型①和②的范围之外，则需要再进一步确认该项目是否由会展活动所引起或者产生，即类型③。比如，国际观众的飞机出行、酒店住宿、餐饮娱乐等日常活动，虽然不在会展活动主办方/组织方/举办城市可控范围内，但此项行为是由会展活动所引起和产生的，其属于类型③的项目。

由于类型②和③两类项目是由非会展活动主办方产生的碳足迹，在进行碳抵消时，②和③无须由会展活动主办方进行抵消，会展活动主办方只需抵消属于其责任范围内的碳足迹①即可实现其“碳中和”目标，如果类型①、②和③中所有项目均由主办方抵消，则整个会展活动实现“碳中和”目标，达到“零碳”效果。与碳抵消相关的内容将在第三章进行详细阐述。

对图 2－1 中的①、②和③三类项目按照其基本属性进行分类，常见的碳足迹项目有：

- 交通出行（Travel and Transport Services）
- 会展活动电耗/能耗（Energy Use）
- 会展活动采购（Merchandising）
- 酒店住宿（Accommondation）
- 餐饮（Catering）
- 物流（Logistics）
- 展前基建（Pre-event Construction of Premanent Infrastructure）
- 展后遗产处理（Post-event Transformation of Permanent Infrastructure）
- 垃圾处理（Waste Management）

由于不同会展活动在类型、规模、性质等因素上的差异，所涉及的碳足迹项目也各有不同。小型会展活动特别是 1 天以内的小型会议、展览等往往无须与会展活动相关的采购服务，无须展前基础设施建设和展后场馆管理，会展活动产生的垃圾量可以忽略不计，甚至不涉及住宿和餐饮。相反，国际性大型会展活动除去以上常见碳足迹项目外，还涉及其他符合其特点的项目，比如 IOC 的碳足迹核算还包括奥运火炬接力表演、奥运奖牌采购与制造、开幕式/闭幕式、安保等。

三、会展活动全生命周期碳足迹矩阵

将会展活动全生命周期概念和会展活动碳足迹项目相结合，建立会展活动全生命周期碳足迹矩阵（见表 2－1）。该矩阵是会展活动碳足迹核算体系的重要组成部分，能够协助和配合会展活动各个项目的碳足迹核算公式对碳足迹总量进行全面、有效和准确地核算。会展活动全生命周期碳足迹矩阵主要解决的是会展活动碳足迹核算前出现的两大问题：确定项目的核算时段和核算边界；确定核算对象的项目数量和对应的碳排放主体。

表 2－1 展示一个常见的会展活动全生命周期碳足迹矩阵，该矩阵能清晰和准确地呈现会展活动碳足迹核算项目以及其对应的责任主体。同时能结合正确的时间边界，确保最终的核算总量结果科学合理，防止少算、错算、漏算以及重复核算等问题的发生，特别是在国际性大型会展活动碳足迹核算过程中能发挥有效的作用。表 2－1 中所罗列的碳足迹项目具有常规性和普遍性，本章后续部分将对表 2－1 中各项目的碳足迹核算方法进行详细阐述。

表 2－1　　会展活动全生命周期碳足迹矩阵

展前时间段：××－××
展中时间段：××－××
展后时间段：××－××

碳足迹项目	责任主体	展前	展中	展后	是否计入会展活动碳足迹总量	是否计入会展活动主办方碳抵消
出发地城市↔目的地城市[1]交通出行	活动主办方[2]	√	√	√	是	是
	其他主体	√		√	是	否

续表

碳足迹项目	责任主体	展前	展中	展后	是否计入会展活动碳足迹总量	是否计入会展活动主办方碳抵消
住宿酒店↔活动现场[1]交通出行	活动主办方[2]	√	√	√	是	是
	其他主体		√		是	否
活动相关电耗能耗	活动主办方[2]	√	√	√	是	是
	其他主体				否	否
餐饮	活动主办方[2]	√	√	√	是	是
	其他主体				否	否
酒店住宿	活动主办方[2]	√	√	√	是	是
	其他主体		√		是	否
采购	活动主办方[2]	√	√	√	是	是
	其他主体				否	否
物流	活动主办方[2]	√	√	√	是	是
	其他主体				否	否
展前基建和展后遗产	活动主办方[2]	√		√	是	是
	其他主体				否	否
安保	活动主办方[2]		√		是	是
	其他主体				否	否
垃圾处理	活动主办方[2]	√	√	√	是	是
	其他主体		√		是	否

注：“1”表示假设往返使用同一种交通工具。“2”表示包含举办城市。

对会展活动碳足迹进行核算参考以下流程，建议在碳足迹核算报告中分步骤进行核算和汇报：

①确认会展活动全生命周期边界（展前、展中和展后的时间段）；

②确认碳足迹项目和相对应的责任主体；

③确认各碳足迹项目的核算模型；

④根据各项目的核算模型收集相关数据；

⑤完成碳足迹核算报告。

鉴于会展活动各有不同，各会展活动最终的碳足迹项目数量根据其自身特点增加或者减少。比如，2010 年上海世博会碳足迹项目包括国际航空出行、酒店住宿、公共交通出行、国内航空出行、电耗、展前建材能耗、私家车出行等 14 个子项目。2018 年世界杯足球赛碳足迹项目包括出行（包括国内国际和公共交通）、酒店住宿、餐饮（场馆内）、展前基建、采购等 6 大类项目。而 IOC 将奥运会碳足迹项目细分为 27 个子项目展开，涵盖其赛事各方面，确保核算结果的全面性、完整性和准确性。

四、碳足迹总量核算模型

会展活动碳足迹总量 $E_{总}$ 的核算公式为：

$$E_{总} = \sum_{i}^{I} E_i \qquad (2-1)$$

公式（1-1）中：

$E_{总}$ 为会展活动产生的碳足迹总量，单位为吨 CO_2 当量（tCO_{2e}）；

I 为会展活动涉及碳足迹项目共有 I 个；

E_i 为会展活动第 i 个项目产生的碳足迹量，单位为吨 CO_2 当量（tCO_{2e}）。

以上各碳足迹项目的碳排放源核算边界包括两大类，即：

第一类，由化石燃料燃烧所产生的碳足迹；

第二类，由电力消耗所产生的隐含碳足迹。

基于此两大类碳排放源为基础的各碳足迹项目具体核算方法参考本章后续章节。图 2-2 显示各碳足迹项目核算公式的参考文献来源和出处。在会展活动碳足迹核算结果报告中必须标注每个项目的核算公式和所有相关参数的引用来源，方便后续审定核查机构在验收过程中检查和核对。

根据图 2-2 显示，2006 年 IPCC 发布的《2006 IPCC 指南》成为

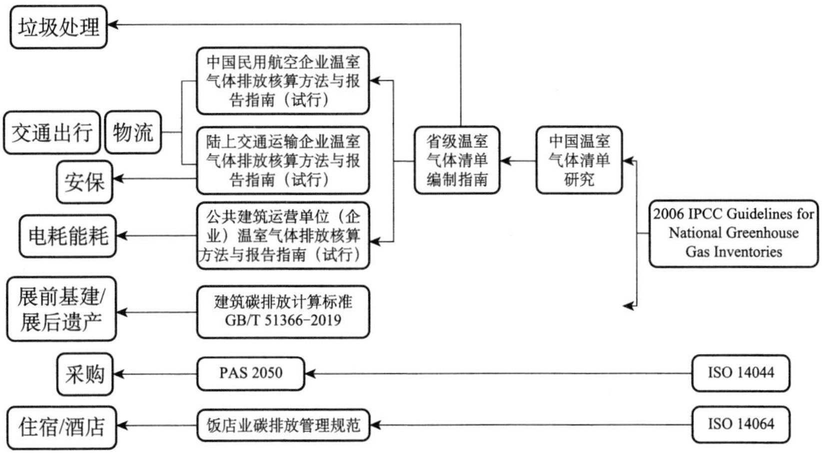

图 2－2　会展活动各碳足迹项目核算方法来源

我国许多产业和领域碳足迹核算理论的主要参考文献来源之一。在对《2006 IPCC 指南》进行研究和分析的基础上，根据我国国情和特点，国家发展改革委员会应对气候变化司（以下简称国家发改委）在 2008 年启动了 2005 年国家温室气体清单的编制工作，并在 2014 年发布了《2005 中国温室气体清单研究》。为了进一步加强省级温室气体清单编制能力建设，国家发改委应对气候变化司组织各相关机构和单位专家编写了《省级温室气体清单编制指南（试行）》，目的是加强省级清单编制的科学性、规范性和可操作性。《省级温室气体清单编制指南（试行）》按照能源活动、工业生产过程、农业、土地利用变化和林业、废弃物处理五个方面内容展开。在此基础上陆续出台了《中国民用航空企业温室气体足迹核算方法与报告指南（试行）》《陆上交通运输企业温室气体足迹核算方法与报告指南（试行）》《公共建筑运营单位（企业）温室气体足迹核算方法与报告指南（试行）》等进一步明确了我国主要碳足迹行业，如交通运输、能源等行业性碳足迹核算方法。

除了 IPCC 发布的指导性文献之外，ISO 在碳足迹核算方面也发布相关的指导性材料，其中《ISO 14044—2006 环境管理—产品寿命周期评价—要求与指南》（ISO 14044—2006 Environment Management-Life cycle assessment-Requirements and guidelines，以下简称《ISO 14044》）和《ISO 14064—1》两个文件对会展活动碳足迹核算具有指导性参考作用。在 ISO 14044 文件内容基础上，2008 年 BSI 发布了《PAS 2050：2008 商品和服务在生命周期内的温室气体足迹评价规范》（PAS 2050：2008 Specification for the assessment of the life cycle greenhouse gas emissions of goods and services），此项规范对采购的商品和服务在其全生命周期内的碳足迹核算原则起到主要参考作用①，而 ISO 14064—1 则成为我国《饭店业碳足迹管理规范》在碳足迹核算方面的主要参考来源。

五、碳足迹核算数据收集

数据信息是会展活动碳足迹核算的关键，数据质量的好坏直接关系到碳足迹核算结果的合理性、科学性和准确性。目前我国会展产业未形成一套科学有效的数据信息收集体系和标准，数据收集存在各种问题，导致碳足迹的核算面临较大挑战。在实际操作层面，国内外碳中和案例和实践经验显示，会展活动无法收集所有完整的碳足迹数据信息。在现有科技水平和管理条件允许的范围内，通过合理规划和设计，尽可能地采集各碳足迹项目的核心数据，为管理层提供决策参考，是整个会展活动碳足迹核算的初衷和目的。

会展活动碳足迹核算的数据根据来源可分为两大类：直接数据和间接数据。

直接数据是指会展活动主办方和相关数据提供方直接收集获取的数据。直接数据质量高，可信度高，基于直接数据的核算结果准确度较高。间接数据是指因会展活动主办方和相关数据提供方无法直接收

① 产品和服务全生命周期碳足迹核算在目前国际上主要有四种方法，PAS2050 是主要方法。

集获取，需要借助其他辅助性材料，如参考文献、问卷调查、专家建议等获取的数据。间接数据在报告引用时需注明数据来源，以便第三方机构开展审定核查时对其进行检验。

在会展活动展前策划阶段，核算方需要掌握会展活动各项目的碳足迹核算方法。对需要采集的数据进行详细了解，如数据类型、衡量单位、时间阶段、数据来源、数据所有者情况等，将所需要的数据信息汇总后整理成数据信息需求表。在会展碳中和报告中，报告主体在数据收集过程中需要对以下三点进行标注和解释：

①数据收集实操性，即数据在实际操作当中收集的难易程度，按★到★★★进行测评，★★★为实操性最强，★为实操性最低；

②数据信息准确性，即数据是如何产生的，数据来源的可靠性和数据信息内容的准确程度，按★到★★★进行测评，★★★为准确性最强，★为准确性最低；

③数据成本性价比，即符合上述两点特征的数据信息在获取过程中，成本花费的高低，按★到★★★进行测评，★★★为准确性最强，★为准确性最低。

各碳足迹项目涉及的数据信息各不相同，详细内容分别参考本章后续章节内容。根据数据信息需求表的内容，对相关机构负责人进行数据采集前的培训和指导，明确数据收集的目的、要求、所用到的碳足迹核算方法、数据所有者的责任、数据采集时间阶段、数据采集截止日期等内容，以确保数据采集人员和相关负责人在采集过程中沟通顺利，相互配合。

六、碳足迹核算报告内容

完整、一致、正确和透明的碳足迹核算和碳中和报告对审定核查方以及会展活动主办方而言十分重要。报告内容、框架结构以及相关信息的公开，需要与运营策略、报告目标对象的需求相一致。

（一）报告内容和框架结构

1. 会展活动碳减排规划报告的报告内容和框架结构

（1）碳减排规划（发布于会展活动开始之前）

• 会展活动项目基本信息（包括会展活动名称、主办方以及其他责任主体名单、举办时间、项目简介等）；

• 会展活动项目碳足迹核算基本信息（包括项目主体/组织边界、项目核算边界、项目时间边界等）；

• 数据收集与说明；

• 碳足迹预算模型与结果；

• 碳减排规划内容与说明。

（2）碳减排规划后期补充说明（与第一部分一起形成完整碳减排规划报告，发布于会展活动结束后）

• 会展活动期间数据监测与说明；

• 碳足迹核算结果；

• 根据（V）的内容，说明碳减排成效。

2. 会展活动碳中和报告的报告内容和框架结构

• 会展活动项目基本信息（包括会展活动名称、主办方以及其他责任主体名单、举办时间、项目简介等）；

• 会展活动项目碳足迹核算基本信息（包括项目主体/组织边界、项目核算边界、项目时间边界、项目清单等）；

• 数据监测、收集与说明；

• 碳足迹核算模型与结果；

• 碳抵消说明和评价（包括碳抵消方式、碳抵消时间、碳抵消费用、碳中和评价方式、评价结论、审定核查机构说明等）。

3. 会展活动碳减排与碳中和报告的报告内容和框架结构

（1）碳减排规划（发布于会展活动开始之前）

• 会展活动项目基本信息（包括会展活动名称、主办方以及其他责任主体名单、举办时间、项目简介等）；

- 会展活动项目碳足迹核算基本信息（包括项目主体/组织边界、项目核算边界、项目时间边界、项目清单等）；
- 数据收集与说明；
- 碳足迹预算模型与结果；
- 碳减排规划内容与说明。

（2）碳中和报告（与第一部分一起形成完整碳减排规划报告发布于会展活动结束后）

- 会展活动期间数据监测与说明；
- 碳足迹核算模型与结果；
- 根据（V）的内容，报告和说明碳减排成效；
- 碳抵消说明和评价（包括碳抵消方式、碳抵消时间、碳抵消费用、碳中和评价方式、评价结论、审定核查机构说明等）。

（二）会展活动碳足迹量汇总表

在会展活动碳足迹核算结果报告中，会展活动主办方可以根据各自情况制定符合自身特点的碳足迹总量报告表。核心内容须突出碳足迹项目名称和两大主要碳排放源（化石燃料和电力隐含）的核算数值，各项目的详细核算和报告内容参考本章后续章节。各项目碳足迹核算数值汇总后，形成会展活动碳足迹总量表（以表 2－2 为例），这是会展活动最终碳中和报告中的核心内容之一。

表 2－2　会展活动各项碳足迹汇总表

会展活动名称：
会展活动时间：
会展活动地点：

项目名称	化石燃料燃烧（tCO_2）	电力隐含（tCO_2）	碳足迹总量（tCO_2）	各项占比（%）
交通出行				
电耗能耗				

续表

项目名称	化石燃料燃烧（tCO_2）	电力隐含（tCO_2）	碳足迹总量（tCO_2）	各项占比（%）
住宿餐饮				
垃圾处理				
……				
共计				

第二节　交通出行（Ⅰ）

一、核算对象和项目

会展活动交通出行领域碳足迹涉及不同的责任主体和对象，本章节涉及的核算主体为会展活动主办方，主要阐述如何对会展活动主办方在交通出行方面进行项目确定、数据收集、碳足迹核算、碳足迹汇报和碳减排实施。

在操作层面，首先要对会展活动主办方的交通出行项目进行判定。其判定原则为：

- 在会展活动全生命周期核算期内；
- 由会展活动主办方出资或者资助；
- 与会展活动工作内容相关。

会展活动主办方所涉及的交通出行碳足迹项目不包括以下内容：

• 涉及场馆搭建的原材料、物资物料在运输过程中所产生的碳排放，该项目的碳足迹计入展前基础设施建设部分（详见第二章第八节）；

• 涉及采购项目的产品，诸如食品、商品、纪念品、物资物料等在运输过程中所产生的碳排放，该项目的碳足迹计入采购部分（详见第二章第六节）；

• 涉及垃圾处理环节的垃圾运输过程中所产生的碳排放，该项目的碳足迹计入垃圾处理部分（详见第二章第十节）；

• 涉及安保项目中的安保人员在巡逻出行过程中所产生的碳排放，该项目的碳足迹计入安保部分（详见第二章第七节）。

报告主体进行碳足迹核算和报告时应注意以上四个内容归属于各自相关的项目核算范畴，采用此核算原则可避免出现重复核算的问题。报告主体进行碳足迹核算和报告的完整工作流程主要包括以下步骤：

①确定核算边界；

②识别排放源；

③建立核算模型；

④收集活动水平数据，选择和获取排放因子数据；

⑤核算并报告碳足迹；

⑥制订未来碳减排措施和规划（可选择）。

二、核算边界

会展活动主办方交通出行碳足迹核算边界是指主办方工作人员在出行过程中消耗的化石燃料所产生的二氧化碳足迹和消耗电力所对应的隐含二氧化碳足迹，主要包括公路、铁路、城市客运等陆上交通出行所消耗的化石燃料和电力所产生的碳足迹以及航空出行过程中的化石燃料燃烧产生的碳足迹[①]。

本章节涉及的交通出行碳足迹核算方法主要参考的文献资料有：《陆上交通运输企业温室气体足迹核算方法与报告指南（试行）》《中国民用航空企业温室气体足迹核算方法与报告指南（试行）》。

---

① 由于水陆出行方式极少使用，故不纳入本章节的核算边界。如会展活动主办方通过水路出行，则需要在该交通出行的核算模型中进行标注和说明。

三、碳足迹核算模型

（一）碳足迹总量核算

会展活动主办方在交通出行方面碳足迹核算公式为：

$$E_{交通} = E_{陆燃} + E_{陆电} + E_{航空} \tag{2-2}$$

公式（2-2）中：

$E_{交通}$ 为核算和报告期内会展活动主办方交通出行碳足迹总量，单位为吨 CO_2 当量（tCO_{2e}）；

$E_{陆燃}$ 为核算和报告期内会展活动主办方陆上交通出行化石燃料燃烧活动产生的碳足迹总量，单位为吨 CO_2 当量（tCO_{2e}）；

$E_{陆电}$ 为核算和报告期内会展活动主办方陆上交通出行使用电力车辆（包括高铁动车）的隐含碳足迹总量，单位为吨 CO_2 当量（tCO_{2e}）；

$E_{航空}$ 为核算和报告期内会展活动主办方航空出行碳足迹总量，单位为吨 CO_2 当量（tCO_{2e}）。

（二）陆上燃料车辆碳足迹量

1．陆上燃料车辆碳足迹

核算和报告期内会展活动主办方陆上交通出行化石燃料燃烧活动产生的碳足迹总量 $E_{陆燃}$ 的核算公式为：

$$E_{陆燃} = \sum_{i}^{I} E_i \tag{2-3}$$

公式（2-3）中：

I 为核算和报告期内会展活动主办方陆上化石燃料交通出行共有 I 种方式类型；

E_i 为核算和报告期内会展活动主办方第 i 种陆上交通出行方式化石燃料燃烧活动产生的碳足迹量，单位为吨 CO_2 当量（tCO_{2e}）。

2. 化石燃料碳足迹

核算和报告期内会展活动主办方第 i 种陆上交通出行方式化石燃料燃烧活动产生的碳足迹量 E_i 的核算公式为：

$$E_i = \sum_j^J AD_{i,j} \times EF_{i,j} \tag{2-4}$$

公式（2－4）中：

J 为核算和报告期内会展活动主办方陆上第 i 种出行方式共有 J 种化石燃料类型；

$AD_{i,j}$ 为核算和报告期内会展活动主办方陆上第 i 种出行方式中第 j 种化石燃料活动水平，单位为吉焦（GJ）；

$EF_{i,j}$ 为第 i 种出行方式中第 j 种化石燃料碳排放因子，单位为吨 CO_2 当量/吉焦（tCO_{2e}/GJ）。

3. 化石燃料活动水平

核算和报告期内会展活动主办方第 i 种出行方式中第 j 种化石燃料活动水平 $AD_{i,j}$ 的核算公式为：

$$AD_{i,j} = NCV_{i,j} \times FC_{i,j} \tag{2-5}$$

公式（2－5）中：

$NCV_{i,j}$ 是核算和报告期内会展活动主办方第 i 种出行方式中第 j 种化石燃料平均低位发热量，对液体燃料，单位为吉焦/吨（GJ/t）；对气体燃料，单位为吉焦/万立方米（$GJ/10^4Nm^3$），取值参考《附件一：常见化石燃料特性参数缺省值》；

$FC_{i,j}$ 是核算和报告期内会展活动主办方第 i 种出行方式中第 j 种化石燃料消费量，对液体燃料，单位为吨（t）；对气体燃料，单位为万立方米（10^4Nm^3）。

4. 化石燃料消费量

核算和报告期内会展活动主办方第 i 种出行方式中第 j 种化石燃料消费量 $FC_{i,j}$ 的获取方法有：

• 如有显示消费量的材料，直接引用相关数据，如加油站开具的加油量发票（显示加油公升等数据信息）；

• 如有显示公里数的材料，通过公里数/百公里油耗进行换算后估算消费量数据，如出租车、租车公司的行程公里数记录或者公司自有车辆的公务出行记录等。我国各类车型的百公里油耗取值参考《附件二：各车型百公里能源消费统计表》；

• 如果前两类信息无法获取，则根据已获取的数据信息利用科学合理的方法进行估算并在报告中注明估算方法的出处、相关参考数值的来源等必要信息。

5. 碳排放因子

第 i 种出行方式中第 j 种化石燃料碳排放因子 $EF_{i,j}$ 的核算公式为：

$$EF_{i,j} = CC_{i,j} \times OF_{i,j} \times \frac{44}{12} \tag{2-6}$$

公式（2-6）中：

$CC_{i,j}$ 是第 i 种出行方式中第 j 种化石燃料单位热值含碳量，单位为吨碳当量/吉焦（tC/GJ），取值参考《附件一：常见化石燃料特性参数缺省值》；

$OF_{i,j}$ 是第 i 种出行方式中第 j 种化石燃料碳氧化率，以百分比（%）表示，取值参考《附件一：常见化石燃料特性参数缺省值》；

$\frac{44}{12}$ 为二氧化碳与碳的分子量之比。

（三）陆上电力车辆碳足迹量

1. 陆上电力车辆碳足迹量

核算和报告期内会展活动主办方陆上交通出行方式电力车辆活动产生的隐含碳足迹量 $E_{陆电}$ 核算公式为：

$$E_{陆电} = \sum_{k}^{K} E_k \tag{2-7}$$

公式（2-7）中：

K 为核算和报告期内会展活动主办方电力车辆出行共有 K 种方式

类型；

E_k 为核算和报告期内会展活动主办方第 k 种陆上交通出行方式电力车辆产生的隐含碳足迹量，单位为吨 CO_2 当量（tCO_{2e}）。

2. 隐含碳足迹量

核算和报告期内会展活动主办方第 k 种陆上交通出行方式电力车辆产生的隐含碳足迹量 E_k 核算公式为：

$$E_k = \sum_s^S (FC_{k,s} \times EF_{k,s}) \quad (2-8)$$

公式（2－8）中：

s 表示我国第 s 个电网区域，我国全国电网目前划分为东北、华北、华东、华中、西北、南方六大区域。以交通工具的出发地①作为划分标准，出发地城市所属电网区域参考《附件三：2019 年度六大区域电网 OM 排放因子参考表》；

$FC_{k,s}$ 为核算和报告期内会展活动主办方陆上交通出行电力车辆第 k 种方式在第 s 区域的用电量，单位为兆瓦时（MWh）；

$EF_{k,s}$ 为第 k 种出行方式中第 s 区域电网供电平均碳排放因子，单位为吨 CO_2 当量/兆瓦时（tCO_{2e}/MWh），取值参考《附件三：2019 年度六大区域电网 OM 排放因子参考表》。

3. 用电量

核算和报告期内会展活动主办方陆上交通出行电力车辆第 k 种方式在第 s 区域的用电量 $FC_{k,s}$ 目前没有统一的核算标准，常见的核算方法为②：

$$FC_{k,s} = T_k \times AS_k \times Ø_{k,s} \quad (2-9)$$

公式（2－9）中：

T_k 是核算和报告期内会展活动主办方陆上交通出行电力车辆第 k

① 如用交通工具目的地作为划分标准则在报告中注明。

② 报告主体可根据已获取的数据信息利用科学合理的方法进行核算，需要在报告中注明核算方法、核算模型的详细内容。

种出行方式的出行耗时，单位为小时（h），数据可以通过相关票据显示的信息获取，如高铁车票、出租车票等，或者通过各类出行网站和手机购票终端 App 获取，如携程、艺龙等；

AS_k 是核算和报告期内会展活动主办方陆上交通出行电力车辆第 k 种出行方式的平均时速，单位为千米/小时（km/h），以出行过程中交通工具的实际平均数据为参考标准，或者以相关官方数据为参考标准；

$\varnothing_{k,s}$ 是核算和报告期内会展活动主办方陆上交通出行电力车辆第 k 种出行方式在第 s 区域的每千米平均电耗量，单位为兆千瓦时/千米（MWh/km）。高铁/动车组对第 s 区域的判定通常以交通工具出发地所在城市为准，平均电耗量按照车型由生产厂家或相关铁路运营机构官方公布的数据为标准参考数据；电动汽车的平均电耗量按照车型由工信部公布的数据为参考标准。

（四）航空碳足迹量

1. 航空碳足迹量

航空燃料包括航空汽油、航空煤油和生物质混合燃料三种。结合我国国情，核算和报告期内会展活动主办方航空出行方式碳足迹量 $E_{航空}$ 以航空煤油作为核算对象，其碳足迹核算公式为：

$$E_{航空} = AD_{航煤} \times EF_{航煤} \tag{2-10}$$

公式（2－10）中：

$AD_{航煤}$ 为核算和报告期内会展活动主办方航空出行方式中航空煤油活动水平，单位为太焦（TJ）；

$EF_{航煤}$ 为航空煤油碳排放因子，单位为吨 CO_2 当量/太焦（tCO_{2e}/TJ）。

2. 航空煤油活动水平

核算和报告期内会展活动主办方航空出行方式中航空煤油活动水平 $AD_{航煤}$ 的核算公式为：

$$AD_{航煤} = NCV_{航煤} \times FC_{航煤} \times 10^{-6} \quad (2-11)$$

公式（2－11）中：

$NCV_{航煤}$ 是核算和报告期内航空煤油平均低位发热量，单位为太焦/吨（GJ/T），取值参考《附件一：常见化石燃料特性参数缺省值》；

$FC_{航煤}$ 是核算和报告期内航空煤油消费量，单位为吨（T）。

3. 航空煤油消费量

核算和报告期内会展活动主办方航空出行方式中航空煤油消费量 $FC_{航煤}$ 的常见核算公式①为：

$$FC_{航煤} = T_{航煤} \times AS_{航煤} \times Ø_{航煤} \quad (2-12)$$

公式（2－12）中：

$T_{航煤}$ 是核算和报告期内会展活动主办方航空出行耗时，单位为小时（h），数据可以通过相关票据显示的信息获取，如行程单等；

$AS_{航煤}$ 是核算和报告期内会展活动主办方航空出行时平均时速，单位为千米/小时（km/h），以出行过程中显示的实际平均数据为参考标准；

$Ø_{航煤}$ 是核算和报告期内航空出行方式中航空煤油每千米平均消耗量，单位为吨/千米（T/km），国内外各类机型每千米消耗量取值参考各大飞机制造商、航空公司或者相关行业机构等官方数据。

4. 航空煤油碳排放因子

航空煤油碳排放因子 $EF_{航煤}$ 的核算公式为：

$$EF_{航煤} = CC_{航煤} \times OF_{航煤} \times \frac{44}{12} \quad (2-13)$$

公式（2－13）中：

$CC_{航煤}$ 是航空煤油的单位热值含碳量，单位为吨碳当量/太焦（tC/TJ），取值参考《附件一：常见化石燃料特性参数缺省值》②；

---

① 报告主体可根据已获取的数据信息利用科学合理的方法进行核算，需要在报告中注明核算方法、核算模型的详细内容。

② 航空煤油又名喷气燃油。

$OF_{航煤}$ 是航空航煤的碳氧化率，以百分比（%）表示，取值参考《附件一：常见化石燃料特性参数缺省值》；

$\frac{44}{12}$ 为二氧化碳与碳的分子量之比。

扩展阅读

碳排放因子

根据我国《省级温室气体清单编制指南》中对碳排放因子的解释，碳排放因子是指与活动水平数据相对应的系数，用于量化单位活动水平的温室气体排放量或清除量。常见的碳排放因子如单位燃料燃烧的二氧化碳排放量、单位面积稻田甲烷排放量、万头猪消化道甲烷排放量等。

国际上许多机构颁布了相关产业的碳排放因子核算指南，其中对全球各国影响较大，成为各国在制定本国碳排放因子核算方面的主要参考来源的有以下三个：

1.《IPCC 2006 年国家温室气体清单指南 2019 修订版》（2019 Refinement to the 2006 IPCC Guidelines for National Greenhouse Gas Inventory，以下简称《2019 修订版》）

IPCC 是由世界气象组织（World Meteorological Organization，以下简称 WMO）和 UNEP 在 1988 年联合建立的政府间组织，目前有 195 个成员国，秘书处设立在日内瓦。IPCC 在全球应对气候变化过程中发挥了重要作用。《2019 修订版》在《2006 IPCC 国家温室气体清单指南》基础上进行改进，为世界各国建立国家温室气体清单和减排履约提供最新的方法和规则，其方法学体系对全球各国都具有深刻和显著的影响。

2.《2012 关于企业报告温室气体排放因子指南》（2012 Guidelines to Defra/DECC's GHG conversion factors for company reporting: Methodology paper for emission factors，简称《2012 指南》）

英国环境、食品和农村事务部（Department for environment，food and rural affairs，以下简称 DEFRA）于 2012 年发布《2012 指南》，其目的是为碳排放因子的核算提供理论框架、方法学和参数来源。《2012 指南》基于英国国情，核算出化石燃料、电力、各种交通出行工具、冰箱和空调设备、生物质燃料、水、原材料、垃圾处理等不同类型的碳排放因子数值，并且每年都会进行相关数据的更新，为英国政府在气候变化相关领域的决策制定提供实时的核算依据。

3.《ISO 14064—1：在组织层面温室气体排放和移除增量的量化、监测和报告指南性规范》（ISO 14064—1：Specification with guidance at the organization level for quantification and reporting of greenhouse gas emissions and removals，简称《ISO 14064—1》）

ISO 于 2018 年发布《ISO 14064—1》，详细明确了组织层面在设计、开发、管理和报告温室气体的原则和要求，同时也规定了相关部门温室气体清单在质量管理、报告、审定核查等方面的流程和要求。

四、数据收集

会展活动主办方在交通出行碳足迹核算方面的关键是获取各个出行方式中燃料消耗数据，而这些数据在很多场景下无法直接获取，需要通过间接换算方式进行估算后得到。会展活动主办方可参考表 2－3、表 2－4 和表 2－5 所罗列的关键数据信息制定符合自身特点的交通出行数据信息采集表。

表 2－3 会展活动主办方交通出行信息（陆上非自驾）表

出差日期	出差人数	出行方式[1]	出发地和目的地	耗时	燃料类型[2]	对应收据/发票号
YY. MM. DD						
YY. MM. DD						

注：“1”表示出租车、动车、高铁、长途客车等；“2”表示燃油、天然气、电动等。

表 2－4　　会展活动主办方交通出行信息（陆上自驾）汇总表

出差日期	出差人数	出发地和目的地	耗时	燃料类型[1]	消耗量[2]	对应收据/发票号
YY. MM. DD						
YY. MM. DD						

注："1"表示燃油、天然气、电动等；"2"表示从报销发票获取。

表 2－5　　会展活动主办方交通出行信息（航空）汇总表

出差日期	出差人数	出发地和目的地	耗时	燃料类型[1]	对应收据/发票号
YY. MM. DD					
YY. MM. DD					

注："1"表示燃油、生物质等。

通过表 2－3、表 2－4 和表 2－5 的方式收集数据信息具有以下特点：

- 数据收集实操性★★，数据信息的获取需要通过收据/发票等资料信息提供，而此类资料易丢失或遗忘，且随着以人数和次数累积而导致工作量增加，属于难度中等的操作；
- 数据信息准确性★★，出差人数、出发地和目的地、出行方式、耗时顺序信息等在票据上有明确显示，准确性高。燃料类型根据出行方式进行判断，消耗量则需要根据其他数据信息进行换算和估算，准确性存在一定的误差；
- 数据收集性价比★★★，数据材料可直接从财物的报销凭证中提取，无须其他成本开支，性价比高。

五、碳足迹报告内容

数据信息通过表 2－3、表 2－4 和表 2－5 收集汇总后核算碳足迹总量，制成表 2－6 和表 2－7。会展活动主办方根据表 2－6 和表 2－7 所罗列的关键数据信息制定符合自身特点的交通出行碳足迹数据汇总表。在表 2－6 和表 2－7 基础上，最终将所有碳足迹量汇总成总表（以表 2－8 参考），作为会展活动最终碳中和报告的汇报内容之一。

表 2－6　　会展活动主办方交通出行化石燃料燃烧碳足迹数据信息表

化石燃料品种	活动水平		碳排放因子		碳足迹量（tCO_{2e}）
	消耗量（t，万 Nm^3）	低位发热量（GJ/t，GJ/万 Nm^3）	单位热值含碳量（tC/GJ）	燃料碳氧化率（%）	
汽油					
天然气					
航空航煤					
……					
化石燃料燃烧产生的碳足迹量（tCO_{2e}）					

表 2－7　　会展活动主办方交通出行电力隐含的碳足迹数据信息表

出行方式	出发地所属电网区域	耗电量（MWh）	碳排放因子（tCO_2/MWh）	碳足迹量（tCO_{2e}）
高铁/动车	1			
	2			
	……			
自驾	1			
	2			
	……			
出租车	1			
	2			
	……			
电力隐含二氧化碳足迹量（tCO_{2e}）				

表 2－8　　会展活动主办方交通出行碳足迹量报告

会展活动名称：
会展活动时间：

化石燃料燃烧碳足迹量（tCO_2）	
电力隐含碳足迹量（tCO_2）	
会展活动主办方交通出行碳足迹总量（tCO_2）	

六、交通出行碳减排

会展活动主办方在会展碳中和管理方面的最大挑战之一，就是如何降低各责任主体交通出行所产生的碳足迹。了解和掌握如何核算交通出行方面的碳足迹，可以更好地帮助主办方在展前对该项目进行针对性的策划和设计，实施节能减排措施。虽然会展活动主办方无法决定其他责任主体的交通出行方式，但可通过各种减排规划和措施对自身的员工、工作人员、志愿者、特邀嘉宾，或其他受雇人员等进行引导和实施，达到自身的减排目的。

（一）规划型碳减排

规划型减排是通过科学合理的规划和安排，利用现有的资源实施节能减排方案。会展活动主办方在交通出行方面常见的规划型减排方法多种多样，常见的有：

- 给主办方员工、志愿者等设定拼车计划表，拼车出行；
- 联合打车平台，比如滴滴等，开设顺风车服务；
- 鼓励使用公共交通或者共享单车的绿色出行行为；
- 鼓励选择提供绿色燃料的航空公司；
- 安排专车接送员工从现场到就近的公共车站或者地铁站，在选择会展活动场馆的时候，选择城市连通性高的地方等。

（二）替代型碳减排

从会展活动主办方自身的交通出行减排角度出发，常见的替代型减排措施之一是鼓励使用绿色清洁能源代替传统化石燃料实现车辆的碳减排。比如，东京奥运会组委会采用包括氢燃料电池电动汽车在内的多种零碳足迹汽车，用于运动员、观众和工作人员的交通接驳。《北京 2022 年冬奥会和冬残奥会低碳管理工作方案》中特别强调对低碳交通体系建立的方案，规定用于赛事服务的客运车辆基本使用新能源，在各赛区推广新能源汽车，积极推动符合相关车型目录氢燃料车辆的示范应用；赛事举办期间，赛区物流配送及城市配送保障车辆应采用新能源汽车或者符合国六 b 足迹标准的汽车等。

第三节　交通出行（Ⅱ）

一、核算对象和项目

本章节的核算主体为非会展活动主办方，如观众、消费者、参展商等，分析和研究如何对非会展活动主办方在交通出行方面（出发地至会展活动举办城市目的地的机场、车站等交通出行）进行项目确定、数据收集、碳足迹核算、碳足迹汇报和碳减排实施。非会展活动主办方的交通出行分为国外入境（航空）和国内跨省市（高铁、动车、汽车等）两种类别。图 2－3 罗列三种纳入本章节核算范围的案例，案例 1、2 和 3 分别涉及国内跨省市交通出行、跨国出行以及跨国和跨省市混合路线。由于此部分涉及数量众多的观众、参展商等跨地区出行，往往成为会展活动碳排放量最大的碳足迹项目，特别是国际性大型体育赛事，如世界杯足球赛、奥运会等系列赛事，或国际性大型会展活动，如世博会、广交会等。以 2010 年上海世博会为例，国内跨省市参观者和国际参观者交通出行的碳足迹分别为 9.6 万吨和 20.5 万吨，占世博会碳足迹总量的 19.6% 和 41.8%（UNEP，2012）。

本章节非会展活动主办方交通出行的相关项目判定原则为：

- 在会展活动的全生命周期核算期内；
- 由各非会展活动主办方出资；

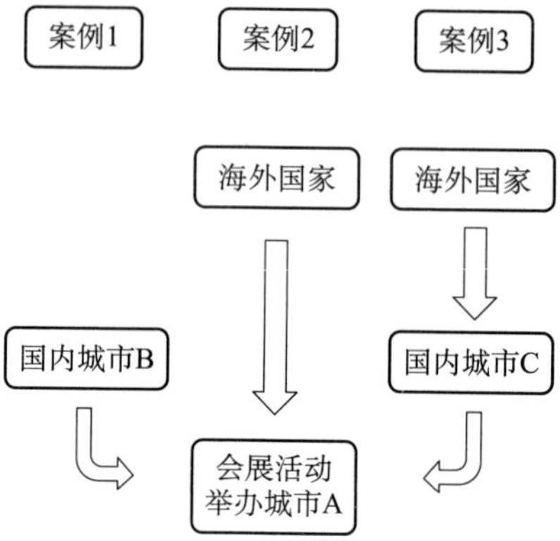

图 2-3　国外入境和国内跨省市交通出行案例

• 涉及从其他国家/城市至会展活动举办城市的交通出行项目。

非会展活动主办方涉及的交通出行碳足迹量不包括以下内容：

• 涉及会展活动举办城市当地的交通出行问题（详见第二章第四节）。

报告主体进行碳足迹核算和报告的完整工作流程主要包括：

①确定核算边界；

②识别排放源；

③建立核算模型；

④收集活动水平数据，选择和获取排放因子数据；

⑤核算并报告碳足迹；

⑥制订未来碳减排措施和规划（可选择）。

二、核算边界

非会展活动主办方交通出行方面碳足迹核算边界是指出行过程中所消耗的化石燃料所产生的二氧化碳足迹和消耗电力所对应的隐含二氧化碳足迹，主要包括公路、铁路、城市客运等陆上交通出行消耗的化石燃料和电力所产生的碳足迹以及航空出行过程中的化石燃料燃烧产生的碳足迹[①]。本章节涉及的交通出行碳足迹核算主要参考文献有：《陆上交通运输企业温室气体足迹核算方法与报告指南（试行）》《中国民用航空企业温室气体足迹核算方法与报告指南（试行）》。

三、碳足迹核算

（一）碳足迹总量核算

非会展活动主办方在交通出行方面的碳足迹总量核算公式为：

$$E_{交通} = E_{陆燃} + E_{陆电} + E_{航空} \qquad (2-14)$$

公式（2-14）中：

$E_{交通}$ 为核算和报告期内非会展活动主办方交通出行产生的碳足迹总量，单位为吨 CO_2 当量（tCO_{2e}）；

$E_{陆燃}$ 为核算和报告期内非会展活动主办方陆上交通出行化石燃料燃烧活动产生的碳足迹总量，单位为吨 CO_2 当量（tCO_{2e}）；

$E_{陆电}$ 为核算和报告期内非会展活动主办方陆上交通出行使用电力车辆（包括高铁动车）活动产生的隐含碳足迹总量，单位为吨 CO_2 当量（tCO_{2e}）；

$E_{航空}$ 为核算和报告期内非会展活动主办方航空出行化石燃料和生物质燃料燃烧活动产生的碳足迹总量，单位为吨 CO_2 当量（tCO_{2e}）。

（二）陆上燃料车辆碳足迹量

1. 陆上燃料车辆碳足迹量

核算和报告期内非会展活动主办方陆上交通出行方式化石燃料燃烧活动产生的碳足迹量 $E_{陆燃}$ 核算公式为：

$$E_{陆燃} = \sum_{i}^{I} E_i \qquad (2-15)$$

① 由于水陆出行方式极少使用，故不纳入本章节的核算边界。如会展活动主办方通过水路出行，则需要在交通出行核算环节进行标注。

公式（2－15）中：

I 为核算和报告期内非会展活动主办方出行共有 I 种方式类型；

E_i 为核算和报告期内非会展活动主办方第 i 种陆上交通出行方式化石燃料燃烧活动产生的碳足迹量，单位为吨 CO_2 当量（tCO_{2e}）。

2. 化石燃料碳足迹

核算和报告期内非会展活动主办方第 i 种陆上交通出行方式化石燃料燃烧活动产生的碳足迹量 E_i 的核算公式为：

$$E_i = \sum_j^J (AD_{i,j} \times EF_{i,j}) \tag{2-16}$$

公式（2－16）中：

J 为核算和报告期内非会展活动主办方陆上第 i 种出行方式共有 j 种化石燃料类型；

$AD_{i,j}$ 为核算和报告期内非会展活动主办方陆上第 i 种出行方式中第 j 种化石燃料活动水平，单位为吉焦（GJ）；

$EF_{i,j}$ 为第 i 种出行方式中第 j 种化石燃料的碳排放因子，单位为吨 CO_2 当量/吉焦（tCO_{2e}/GJ）。

3. 化石燃料活动水平

核算和报告期内非会展活动主办方第 i 种出行方式中第 j 种化石燃料活动水平 $AD_{i,j}$ 核算公式为：

$$AD_{i,j} = NCV_{i,j} \times FC_{i,j} \tag{2-17}$$

公式（2－17）中：

$NCV_{i,j}$ 是核算和报告期内非会展活动主办方第 i 种出行方式中第 j 种化石燃料平均低位发热量，对液体燃料，单位为吉焦/吨（GJ/t）；对气体燃料，单位为吉焦/万立方米（$GJ/10^4Nm^3$），取值参考《附件一：常见化石燃料特性参数缺省值》；

$FC_{i,j}$ 是核算和报告期内非会展活动主办方第 i 种出行方式中第 j 种化石燃料消费量，对液体燃料，单位为吨（t）；对气体燃料，单位为万立方米（10^4Nm^3）。

4. 化石燃料消费量

由于会展活动主办方无法准确掌握和掌控观众、游客、参展商、消费者等责任主体出行行程，可获得的交通出行数据信息有限。目前关于核算和报告期内非会展活动主办方第 i 种出行方式中第 j 种化石燃料消费量 $FC_{i,j}$ 没有统一的估算方法。各会展活动主办方依据其收集的数据情况，在各自能力范围内通过科学合理的方法进行估算。通常使用的估算方法为①：

$$FC_{i,j} = D_{i,j} \times L_{i,j} \tag{2-18}$$

公式（2－18）中：

$D_{i,j}$ 为核算和报告期内非会展活动主办方使用第 i 种出行方式第 j 种化石燃料的公里数。对于小型会展活动（如小型国际学术会议、政府间高级别对话论坛、小规模国际性展会等），通过会展活动主办方的活动报名登记表、签到信息表等资料，对非会展活动主办方人数、出行方式、出行时长/耗时等进行数据信息收集、归纳、整理和分类后估算公里数。对于中型会展活动（如中型展销会、中型会议等），根据不同类型和特性，通过活动报名登记表、签到信息表等资料，对部分非会展活动主办方人数、出行方式、出行时长/耗时等进行数据信息收集、归纳、整理和分类后估算公里数。对于大型、特大型会展活动（如广交会、奥运会、世博会、国际音乐节等），单个人员/单个团体逐一统计的方法显然无法实现，通常以会展活动主办方的门票预售与实际到达人数（会展活动主办方提供数据）的数据信息作为统计基准，配合交通、商务等相关部门数据信息进行估算，或者在此基础上采取对特定主体抽样调查的方式（如奥运会）进行估算。

$L_{i,j}$ 为核算和报告期内非会展活动主办方使用第 i 种出行方式第 j 种化石燃料的百公里油耗，取值参考《附件二：各车型百公里能源

① 报告主体可根据已获取的数据信息利用科学合理的方法进行核算，需要在报告中注明核算方法、核算模型的详细内容。

消费统计表》。

5. 碳排放因子

第 i 种出行方式中第 j 种化石燃料碳排放因子 $EF_{i,j}$ 的核算公式为：

$$EF_{i,j} = CC_{i,j} \times OF_{i,j} \times \frac{44}{12} \tag{2-19}$$

公式（2－19）中：

$CC_{i,j}$ 是第 i 种出行方式中第 j 种化石燃料单位热值含碳量，单位为吨碳当量/吉焦（tC/GJ），取值参考《附件一：常见化石燃料特性参数缺省值》；

$OF_{i,j}$ 是第 i 种出行方式中第 j 种化石燃料碳氧化率，以%表示，取值参考《附件一：常见化石燃料特性参数缺省值》；

$\frac{44}{12}$ 为二氧化碳与碳的分子量之比。

（三）陆上电力车辆碳足迹量

1. 陆上电力车辆碳足迹量

核算和报告期内非会展活动主办方陆上交通出行方式电力车辆隐含的碳足迹量 $E_{陆电}$ 核算公式为：

$$E_{陆电} = \sum_{k}^{K} E_k \tag{2-20}$$

公式（2－20）中：

K 为核算和报告期内非会展活动主办方电力车辆出行共有 K 种方式类型；

E_k 为核算和报告期内非会展活动主办方第 k 种陆上交通出行方式电力车辆活动产生的碳足迹量，单位为吨 CO_2 当量（tCO_{2e}）。

2. 碳足迹量

核算和报告期内非会展活动主办方第 k 种陆上交通出行方式电力车辆隐含的碳足迹量 E_k 的核算公式为：

$$E_k = \sum_s^S (FC_{k,s} \times EF_{k,s}) \tag{2-21}$$

公式（2－21）中：

s 表示我国第 s 电网区域。以交通工具的出发地①作为划分标准，出发地城市所属电网区域参考《附件三：2019 年度六大区域电网 OM 排放因子参考表》；

$FC_{k,s}$ 为核算和报告期内非会展活动主办方陆上交通出行电力车辆第 k 种方式在第 s 区域的用电量，单位为兆瓦时（MWh）；

$EF_{k,s}$ 为第 k 种出行方式中第 s 区域电网供电平均碳排放因子，单位为吨 CO_2 当量/兆瓦时（tCO_{2e}/MWh），取值参考《附件三：2019 年度六大区域电网 OM 排放因子参考表》。

3. 用电量

核算和报告期内非会展活动主办方陆上交通出行电力车辆第 k 种方式在第 s 区域的用电量 $FC_{k,s}$ 的核算公式为②：

$$FC_{k,s} = T_k \times AS_k \times \varnothing_{k,s} \tag{2-22}$$

公式（2－22）中：

T_k 是核算和报告期内非会展活动主办方陆上交通出行电力车辆第 k 种出行方式的出行耗时，单位为小时（h）。T_k 数据信息的采集方法可参考公式（2－18）中 $D_{i,j}$ 的采集方法；

AS_k 是核算和报告期内非会展活动主办方陆上交通出行电力车辆的第 k 种出行方式的平均时速，单位为千米/小时（km/h），以出行过程中交通工具显示的实际平均数据为参考标准；

$\varnothing_{k,s}$ 是核算和报告期内非会展活动主办方陆上交通出行电力车辆第 k 种出行方式在第 s 区域的每千米平均电耗量，单位为兆千瓦时/千米（MWh/km）。高铁/动车组对第 s 区域的判定以出发地所在城市为准，平均电耗量按照车型由生产厂家或相关铁路运营机构官方公布

① 如用交通出行目的地作为划分标准则在报告中注明。

② 报告主体可根据已获取的数据信息利用科学合理的方法进行核算，需要在报告中注明核算方法、核算模型的详细内容。

的数据为标准；电动汽车的平均电耗量按照车型由工信部公布的数据为参考标准。

（四）航空碳足迹量

1. 航空碳足迹量

核算和报告期内非会展活动主办方航空出行方式碳足迹量 $E_{航空}$ 以航空煤油的碳足迹量为衡量标准，其核算公式为：

$$E_{航空} = AD_{航煤} \times EF_{航煤} \qquad (2-23)$$

公式（2－23）中：

$AD_{航煤}$ 为核算和报告期内非会展活动主办方航空出行方式中航空煤油活动水平，单位为太焦（TJ）；

$EF_{航煤}$ 为航空煤油碳排放因子，单位为吨 CO_2 当量/太焦（tCO_{2e}/TJ）。

2. 航空航煤活动水平

核算和报告期内非会展活动主办方航空出行方式中航空煤油活动水平 $AD_{航煤}$ 的核算公式为：

$$AD_{航煤} = NCV_{航煤} \times FC_{航煤} \times 10^{-6} \qquad (2-24)$$

公式（2－24）中：

$NCV_{航煤}$ 是核算和报告期内航空煤油平均低位发热量，单位为太焦/吨（GJ/t），取值参考《附件一：常见化石燃料特性参数缺省值》；

$FC_{航煤}$ 是核算和报告期内航空煤油消费量，单位为吨（t）。

3. 航空煤油消费量

核算和报告期内非会展活动主办方航空出行方式中航空煤油消费量 $FC_{航煤}$ 的核算公式①为：

$$FC_{航煤} = T_{航煤} \times AS_{航煤} \times \emptyset_{航煤} \qquad (2-25)$$

① 报告主体可根据已获取的数据信息利用科学合理的方法进行核算，需要在报告中注明核算方法、核算模型的详细内容。

公式（2－25）中：

$T_{航煤}$ 是核算和报告期内非会展活动主办方航空出行耗时，单位为小时（h），$T_{航煤}$ 数据信息的采集方法可参考公式（2－18）中 $D_{i,j}$ 的采集方法；

$AS_{航煤}$ 是核算和报告期内非会展活动主办方航空出行时平均时速，单位为千米/小时（km/h），以实际平均数据为参考标准；

$\O_{航煤}$ 是核算和报告期内航空出行方式中航空煤油每千米平均消耗量，单位为吨/千米（t/km），国内外各类机型每千米消耗量取值参考各大飞机制造商、航空公司或者相关行业机构等官方数据。

4. 航空航煤碳排放因子

航空航煤碳排放因子 $EF_{航煤}$ 的核算公式为：

$$EF_{航煤} = CC_{航煤} \times OF_{航煤} \times \frac{44}{12} \tag{2-26}$$

公式（2－26）中：

$CC_{航煤}$ 是航空航煤的单位热值含碳量，单位为吨碳当量/太焦（tC/TJ），取值参考《附件一：常见化石燃料特性参数缺省值》；

$OF_{航煤}$ 是航空航煤的碳氧化率，以百分比%表示，取值参考《附件一：常见化石燃料特性参数缺省值》；

$\frac{44}{12}$ 为二氧化碳与碳的分子量之比。

扩展阅读

后疫情时代会展活动票务销售系统：智慧防疫和碳足迹核算

在后疫情时代的会展活动管理上，政府和行业出于对安全、健康、卫生等方面的重视，特别在全球疫情还没有得到有效控制之前，在疫情期间养成的一些防疫和卫生习惯将会延续，比如场馆对参展人员的健康检测监控、对场馆空调设备和通风系统的关注等。除了硬件设备等升级换代以外，智慧票务系统的不断完善也力助场馆公共安全和防疫有效化和常态化。

目前我国的智慧票务系统，出于防疫目的，已经可以做到让会展活动主办方在网络售票过程中，通过科学合理的实名制购票流程，采集参展人员、观众等相关数据信息。比如会展活动主办方在售票流程的设计当中，通过填写以下信息，可快速有效地采集相关数据信息：

- 购票者身份信息；
- 出发地；
- 往返出行方式；
- 购票者的手机号等信息。

实名制智慧票务系统以参展人员身份证实名制信息为基础，实现了实名制售票、票务控制、数据采集、安全控制、风险预警、科学调度等综合服务功能。虽然在购票流程上较为烦琐，但背后有很重要的数据溯源实际意义，成为会展活动防疫监测和监控的重要组成部分，同时也得到了购票者的理解和支持。

智慧票务系统数据信息在防疫防控作用之外，通过大数据分析和比对，也为会展活动的碳足迹核算提供有效的数据信息协助。在完成购票流程后每个购票者会产生特定的二维码，在会展活动开始前，通过扫码进入现场。在会展活动结束后，主办方首先根据实际到达人数与预售门票的人数信息进行对比分析，确认最终参展人员数量。再根据实际到达的人数，提取每人出发地、出行方式等信息，会展活动主办方通过归纳和统计出行数据，估算出各类交通出行方式的碳足迹。

四、碳足迹数据收集

在数据收集环节，由于会展活动主办方无法掌握非会展活动主办方的具体出行数据，增加了数据收集的难度。在实际操作过程中须根据调查对象的统计方法制定数据收集表，如果数据无法获取，则对其进行标注和解释。中小型会展活动主办方可以通过表 2－9 和表 2－10 对会展活动报名登记表、签到信息表等资料进行数据整理和归纳。大型会展活动可通过抽样调查的方法，按照表 2－11 的内容进行数据收集、整理、归纳和统计，为碳足迹核算提供数据信息。各会展活动主办方可以根据自身的特点对表进行设计和制作。

表 2－9　　非会展活动主办方交通出行信息（陆上非自驾）汇总表

机构/姓名	同行人数	出行时间和方式[1]	燃料类型[2]	往返城市	单次耗时	往返总耗时

注："1"表示飞机、高铁、长途汽车等；"2"表示航空煤油、电能等。

表 2－10　　非会展活动主办方交通出行信息（陆上自驾）汇总表

机构/姓名	同行人数	出行时间	燃料类型[1]	往返城市	单次耗时	往返总耗时

注："1"表示汽油、电能等。

表 2－11　　非会展活动主办方大型会展活动交通出行信息统计表

国际[1]	出行时间[1]	出行方式[1]	班次[2]	燃料类型[3]	平均单次耗时	往返总耗时
1						
2						
……						
国内[1]						
1						
2						
……						

注："1"表示数据来源会展活动主办方设计的购票系统；"2"表示航空和高铁班次以官方网站或者出行 App 上在核算期内的班次为基准；"3"表示航空煤油、电能等。

通过表 2－9 和表 2－10 方式采集的数据信息具有以下特点：

- 数据收集实操性★★，传统数据信息的获取渠道主要依赖人工的方式进行，由于无法准确锁定非会展活动主办方人员，数据采集对象遗漏的情况普遍存在，会展活动规模越大数据信息收集难度越大。目前由于互联网技术的提升，许多网络科技公司开发了更加有效和科学的购票系统，在售票的同时对购买者的基本信息进行采集，方便会展活动主办方在活动结束后进行总结和分析；

- 数据信息准确性★★，互联网的售票流程将购票人的信息准确无误采集，但无法保证购票人在购票时候是否如实填写；另外，燃料类型根据出行方式进行判断，消耗量则需要根据其他数据信息进行估算，存在一定的误差；
- 数据收集性价比★★，互联网的发展以及会展大数据应用场景不断呈现，今后以互联网手段为主进行会展大数据收集成为趋势。互联网数据采集具有效率高、准确度高等优点，但同时也具有成本高的特点，体现在前期开发成本以及后期运营和维护成本上。

五、报告内容

数据信息通过表 2 –9、表 2 –10 和表 2 –11 收集汇总后核算碳足迹总量，制成表 2 –12 和表 2 –13。在表 2 –12 和表 2 –13 基础上，所有碳足迹量汇总成总表（以表 2 –14 为参考），作为会展活动最终碳中和报告的汇报内容之一。

表 2 –12　　化石燃料燃烧二氧化碳足迹量数据表

化石燃料品种	活动水平		足迹因子		碳足迹量（tCO_{2e}）
	消耗量（t，万 Nm^3）	低位发热量（GJ/t，GJ/万 Nm^3）	单位热值含碳量（tC/GJ）	燃料碳氧化率（%）	
汽油					
天然气					
航空航煤					
……					
化石燃料燃烧产生的碳足迹量（tCO_2）					

表 2－13　　高铁/动车电力隐含的二氧化碳足迹量数据表

电网区域	总耗时	电消耗量（MWh）	碳排放因子（tCO_2/MWh）	碳足迹量（tCO_2）
1				
2				
3				
……				
电力隐含二氧化碳足迹量（tCO_2）				

表 2－14　　非会展活动主办方交通出行碳足迹量报告

会展活动名称：

会展活动时间：

化石燃料燃烧碳足迹量（tCO_2）	
电力隐含碳足迹量（tCO_2）	
非会展活动主办方交通出行碳足迹总量（tCO_2）	

六、交通出行的碳减排

会展活动主办方无法决定其他责任主体的交通出行方式，但能通过有目的的宣传和策划对其加以引导，达到节能减排的目的。

（一）规划型碳减排

会展活动主办方通过多种多样的策划方案引导其他责任主体在交通出行的节能减排项目落地。比如：

- 2016 年德国融化吧音乐节（Melt！Festival）的官方出行合作伙伴 Festival Travel 公司策划开通一趟火车专列，该车起点为阿姆斯特丹，沿途停靠许多欧洲城市，搭载活动参与者，直到终点站的活动所在地现场。火车专列上提供 400 人在 4 天活动时间内的餐饮、洗漱和住宿，其目的是减少活动参与者在出行、餐饮和住宿方面产生的碳足迹；

• 挪威 Oya 艺术节主办方在选择受邀艺人时，尽量选择同一个时间段在挪威其他艺术节（如同时期有 Way out west 和 Flow Festival 等艺术节举行）出席的艺人，尽可能减少出行造成的碳足迹；

• 德国 Hurricane Festival 活动与举办地的火车运营商 Metronom 联合策划和发起一项活动，让乘坐火车前来的观众通过抽奖使其有机会获得美食券，鼓励观众使用公共交通；

• 比利时 Rock Werchter 活动与两个交通运营商 NMBS 和 De Lijn 联合发起一项环保活动，每个选择使用电子门票的观众可以下载一张运营商提供的免费车票，既鼓励参与活动的观众使用公共交通工具，又推广电子门票的使用，减少纸质票据的产生。

（二）替代型碳减排

常见的替代型减排是通过软硬件设备、技术创新等方式以及使用绿色清洁能源代替传统化石燃料等方法降低车辆、飞机等交通工具产生的碳足迹。比如航空行业，航空公司可以通过以下方式减少碳足迹：

• 购买新型飞机：新型飞机意味着发动机采用新技术和新工艺，不但节能减排，而且功率更强，比如达美航空（Delta Airline）在 2019 年新增超过 80 架飞机，新机队燃油效率提升 25%[①]；

• 使用新型能源燃料：新型能源燃料（如生物质燃料）能有效减少二氧化碳的足迹量，比如同样是达美航空，其中期目标是到 2030 年年底，用可持续航空燃料取代 10% 目前使用的航空燃料；

• 研发或升级更好的飞行跟踪软件：飞行路线、飞行高度以及飞行中的天气状况都会影响飞机的油耗，通过更加精确的软件导航，缩短飞行时间从而达到减少碳足迹的效果，比如中国东方航空公司的 MU588 纽约—上海和 MU208 多伦多—上海的航线借力大数据分析，

① https：//news. delta. com/delta-commits-1-billion-become-first-carbon-neutral-airline-globally.

成功开辟 POLAR7 航线，使该航线平均每个航班节省 22 分钟，节约燃油 3 吨（中国民航网，2018）；

• 其他方式：比如定期清洗飞机机身和发动机等也是简单有效的减排方式。飞机一脏就会产生更多阻力，从而使用更多燃料，增加碳足迹量。

产业聚焦

国际航空碳减排

对于很多国际性大型会展活动来说，飞机出行是首选。国际航空运输协会（International Air Transport Association）2014 年统计数据显示，虽然每年航空运输产生的二氧化碳量约占人为碳足迹量的 2%[①]，但从绝对数量上而言，比如 2015 年，国际民航消耗航空燃油大约共计 1.6 亿吨，产生约 5.06 亿吨二氧化碳，若不采取任何缓解措施，到 2050 年，与航空运输相关的航空燃油总量将比 2015 年高出 2.4～3.8 倍[②]（ICAO，2019）。随着气候变化等问题越来越突出，越来越多的航空公司加入到节能减排的行动中来，具有代表性的就是亚洲及太平洋地区减排计划（ASPIRE）。

ASPIRE 计划是由美国联邦航空局（Federal Aviation Administration）、新西兰国家航管公司（Airways New Zealand）和澳大利亚航空管理局（Airservices Australia）在 2008 年共同发起的一项在亚洲以及太平洋地区的减排计划，2009 年日本民航局（Japan Civil Aviation Bureau）加入该计划，2010 年新加坡民航局（Civil Aviation Authority of Singapore）加入该计划。以南太平洋为中心，ASPIRE 计划致力于通过创新、技术和各方的协调，在亚太地区主要航线上加速航空管理规程的发展，以减少全球航空业的碳足迹。新加坡民航局与新加坡航空公司合作，推出了世界上第一个全方位绿色示范航班 SQ11 航班，该航班从洛杉矶出发，途经东京，到达新加坡。从总体效果上来说，该航班比普通航班节省 6% 的燃油消耗，同时可减少 33 吨二氧化碳足迹量[3]。

参考文献：

①International Air Transport Association. Annual Reviews 2014：70th Annual General Meeting. Doha：IATA，2014.

②International Civil Aviation Organzation. 2019 Environmental Report，Montréal：ICAO，2019.

③左灿．亚太减排倡议计划将降低航空业对环境的影响［EB/OL］.（2011. 9. 6）［2021－6－1］. https：//business. sohu. com/20110906/n318525291. shtml.

第四节　交通出行（Ⅲ）

一、核算对象和项目

本章节分析和研究如何对非会展活动主办方，如观众、会展顾客、参展商等，在会展活动举办城市范围内出行进行项目确定、数据收集、碳足迹核算、碳足迹汇报和碳减排实施。此部分涉及数量众多的观众、参展商等从入住酒店、机场等出发地与会展活动现场目的地之间的城市交通出行行为。2010 年上海世博会期间各类游客和观众等非活动主办方在上海市区内出行活动所产生的碳足迹为 1.5 万吨，占世博会碳足迹总量的 3%（UNEP，2012）。

对非会展活动主办方在会展活动举办城市范围内交通出行相关碳足迹项目的判定原则为：

- 在会展活动的全生命周期核算期内；
- 非会展活动主办方出资；
- 在会展活动举办城市范围内的交通出行相关碳足迹项目。

举办城市范围内交通出行的碳足迹项目包括：

- 从机场、高铁站、汽车站等交通枢纽至入住酒店之间往返的交通出行；

- 从酒店至会展活动现场往返的交通出行。

报告主体进行碳足迹核算和报告的完整工作流程主要包括：

①确定核算边界；

②识别排放源；

③建立核算模型；

④收集活动水平数据，选择和获取排放因子数据；

⑤核算并报告碳足迹；

⑥制订未来碳减排措施和规划（可选择）。

二、碳足迹核算边界

非会展活动主办方城市交通出行碳足迹核算边界针对出行过程中所消耗的化石燃料所产生的二氧化碳足迹和消耗电力对应的隐含二氧化碳足迹，主要包括城市内常见交通工具如地铁、公交车、出租车、网约车、共享电动车、自行车等出行所消耗的燃料和电力所产生的碳足迹。本章节涉及的城市交通出行碳足迹核算主要参考文献为《陆上交通运输企业温室气体足迹核算方法与报告指南（试行）》。

三、碳足迹核算模型

（一）碳足迹总量核算

非会展活动主办方在城市交通出行方面碳足迹总量核算公式为：

$$E_{交通} = E_{陆燃} + E_{陆电} \quad (2-27)$$

公式（2－27）中：

$E_{交通}$ 为核算和报告期内非会展活动主办方城市交通出行化石燃料燃烧活动产生的碳足迹总量，单位为吨 CO_2 当量（tCO_{2e}）；

$E_{陆燃}$ 为核算和报告期内非会展活动主办方城市交通出行陆上交通

工具化石燃料燃烧活动产生的碳足迹总量，单位为吨 CO_2 当量（tCO_{2e}）；

$E_{陆电}$ 为核算和报告期内非会展活动主办方城市交通出行陆上交通工具使用电力车辆（城市内交通出行不包括高铁动车）活动产生的隐含碳足迹总量，单位为吨 CO_2 当量（tCO_{2e}）。

（二）陆上燃料车辆碳足迹量

1. 陆上燃料车辆碳足迹量

核算和报告期内非会展活动主办方城市交通出行陆上交通方式化石燃料燃烧活动产生的碳足迹量 $E_{陆燃}$ 核算公式为：

$$E_{陆燃} = \sum_{i}^{I} E_i \tag{2-28}$$

公式（2－28）中：

I 为核算和报告期内责任主体出行共有 I 种方式类型；

E_i 为核算和报告期内非会展主办方第 i 种陆上交通出行方式化石燃料燃烧活动产生的碳足迹量，单位为吨 CO_2 当量（tCO_{2e}）。

2. 化石燃料碳足迹

在核算和报告期内非会展活动主办方第 i 种陆上交通出行方式化石燃料燃烧活动产生的碳足迹 E_i 核算公式为：

$$E_i = \sum_{j}^{J} (AD_{i,j} \times EF_{i,j}) \tag{2-29}$$

公式（2－29）中：

J 为核算和报告期内非会展活动主办方陆上第 i 种出行方式共有 J 种化石燃料类型；

$AD_{i,j}$ 为核算和报告期内非会展活动主办方陆上第 i 种出行方式中第 j 种化石燃料的活动水平，单位为吉焦（GJ）；

$EF_{i,j}$ 为第 i 种出行方式中第 j 种化石燃料的碳排放因子，单位为吨 CO_2 当量/吉焦（tCO_{2e}/GJ）。

3. 化石燃料活动水平

在核算和报告期内非会展活动主办方第 i 种出行方式中第 j 种化

石燃料活动水平 $AD_{i,j}$ 的核算公式为：

$$AD_{i,j} = NCV_{i,j} \times FC_{i,j} \tag{2-30}$$

公式（2－30）中：

$NCV_{i,j}$ 是核算和报告期内非会展活动主办方第 i 种出行方式中第 j 种化石燃料平均低位发热量，对液体燃料，单位为吉焦/吨（GJ/t）；对气体燃料，单位为吉焦/万立方米（$GJ/10^4Nm^3$），取值参考《附件一：常见化石燃料特性参数缺省值》；

$FC_{i,j}$ 是核算和报告期内非会展活动主办方第 i 种出行方式中第 j 种化石燃料消费量，对液体燃料，单位为吨（t）；对气体燃料，单位为万立方米（10^4Nm^3）。

4. 化石燃料消费量

核算和报告期内非会展活动主办方第 i 种出行方式中第 j 种化石燃料的消费量 $FC_{i,j}$ 目前没有统一的估算方法，各会展活动主办方依据其可收集到的数据信息，在各自能力范围内通过科学合理的方法进行估算。通常使用的核算方法①为：

$$FC_{i,j} = D_{i,j} \times L_{i,j} \tag{2-31}$$

公式（2－31）中：

$D_{i,j}$ 为核算和报告期内非会展活动主办方第 i 种出行方式中第 j 种化石燃料的公里数。对于中小型会展活动，一方面通过会展活动主办方的签到登记表等资料，对参与人员以何种方式从机场和高铁站到入住酒店的数据信息逐一进行收集、整理和归纳（假设往返用的是同一种交通工具）。另一方面，假如会展活动在酒店内举办，则无出行碳足迹；假如会展活动在酒店以外的制定场所，则根据会展活动主办方提供的专门用于接送的车辆化石燃料所产生的碳足迹量进行估算。对于大型、特大型会展活动，以会展活动主办方的门票预售与实际到达人数对比数据信息统计为基准，配合交通、商务等相关部门数据信

① 报告主体可根据已获取的数据信息利用科学合理的方法进行核算，需要在报告中注明核算方法、核算模型的详细内容。

息进行整理和估算，或者通过抽样调查的方法进行整理和估算。

$L_{i,j}$ 为核算和报告期内非会展活动主办方第 i 种出行方式中第 j 种化石燃料的百公里油耗，取值参考《附件二：各车型百公里能源消费统计表》。

5. 碳排放因子

第 i 种出行方式中第 j 种化石燃料的碳排放因子 $EF_{i,j}$ 的核算公式为：

$$EF_{i,j} = CC_{i,j} \times OF_{i,j} \times \frac{44}{12} \tag{2-32}$$

公式（2－32）中：

$CC_{i,j}$ 是第 i 种出行方式中第 j 种化石燃料的单位热值含碳量，单位为吨碳/吉焦（tC/GJ），取值参考《附件一：常见化石燃料特性参数缺省值》；

$OF_{i,j}$ 是第 i 种出行方式中第 j 种化石燃料的碳氧化率，以％表示，取值参考《附件一：常见化石燃料特性参数缺省值》；

$\frac{44}{12}$ 为二氧化碳与碳的分子量之比。

（三）陆上电力车辆碳足迹量

1. 陆上电力车辆碳足迹量

核算和报告期内非会展活动主办方陆上交通出行方式电力车辆隐含的碳足迹量 $E_{陆电}$ 核算公式为：

$$E_{陆电} = \sum_{k}^{K} E_k \tag{2-33}$$

公式（2－33）中：

K 为核算和报告期内非会展活动主办方电力车辆出行共有 K 种方式类型；

E_k 为核算和报告期内非会展活动主办方第 k 种陆上交通出行方式电力车辆活动产生的碳足迹量，单位为吨 CO_2 当量（tCO_{2e}）。

2. 碳足迹量

核算和报告期内非会展活动主办方第 k 种陆上交通出行方式电力车辆产生的碳足迹量 E_k 核算公式为：

$$E_k = \sum_{s}^{S}(FC_{k,s} \times EF_{k,s}) \tag{2-34}$$

公式（2－34）中：

s 表示我国第 s 电网区域。会展活动举办城市所属电网区域参考《附件三：2019 年度六大区域电网 OM 排放因子参考表》；

$FC_{k,s}$ 为核算和报告期内非会展活动主办方陆上交通出行电力车辆第 k 种方式在第 s 区域的用电量，单位为兆瓦时（MWh）；

$EF_{k,s}$ 为第 k 种出行方式中第 s 区域电网供电平均碳排放因子，单位为吨 CO_2 当量/兆瓦时（tCO_{2e}/MWh），取值参考《附件三：2019 年度六大区域电网 OM 排放因子参考表》。

3. 用电量

核算和报告期内非会展活动主办方城市交通出行电力车辆的第 k 种方式在第 s 区域用电量 $FC_{k,s}$ 的估算方式目前没有统一的估算方法，各会展活动主办方依据其可收集到的数据，在各自能力范围内通过科学合理的方法进行估算。通常使用的核算方法①为：

$$FC_{k,s} = T_k \times AS_k \times \emptyset_{k,s} \tag{2-35}$$

公式（2－35）中：

T_k 是核算和报告期内非会展活动主办方陆上交通出行电力车辆第 k 种出行方式的出行耗时，单位为小时（h），T_k 数据的采集可参考公式（2－31）中的数据采集方法；

AS_k 是核算和报告期内非会展活动主办方陆上交通出行电力车辆的第 k 种出行方式的平均时速，单位为千米/小时（km/h），以出行过程中交通工具显示的实际平均数据为参考标准；

---

① 报告主体可根据已获取的数据信息利用科学合理的方法进行核算，需要在报告中注明核算方法、核算模型的详细内容。

$\varnothing_{k,s}$ 是核算和报告期内非会展活动主办方陆上交通出行电力车辆第 k 种出行方式在第 s 区域的每千米平均电耗量，单位为兆千瓦时/千米（MWh/km），取值按照我国工信部、各生产厂家或者相关官方公布的各车型数据为标准。

四、碳足迹数据收集

在数据收集环节，由于会展活动主办方无法完全掌握非会展活动主办方的具体出行数据，增加了数据收集的难度。中小型会展活动在会议报到登记时可以利用签到表让签到人员自行提供所需要的数据信息（如表2－15）。在设计签到表时，将诸如出发地、何种方式到达会展活动举办城市、何种方式从机场或高铁站到达酒店等核心数据信息纳入收集范围，既要做到数据信息准确，又要做到简单有效。表2－16对酒店至会展活动现场的专车接送数据信息进行收集和整理，数据内容由租车公司负责提供（租车公司为了方便业务溯源，通常会保存一份详尽的出车记录）。表2－15和表2－16数据汇总至表2－17为后续的碳足迹核算做准备，各会展活动主办方可制定符合自身特点的数据信息收集表。大型会展活动主办方则根据自身的门票销售数据和其他相关部门的统计数据进行收集、整理、分析和归纳，通常会采用问卷调查的方法进行数据统计。

表2－15　　非会展活动主办方会展活动签到表

会展活动已注册人员签到

企业/机构	姓名	出发地	何种方式到××[1]（飞机、高铁等）	何种方式到酒店（地铁、出租、网约车等）	签名
1					
2					
3					
……					

续表

会展活动未注册人员签到					
企业/机构	姓名	出发地	何种方式到××[1]（飞机、高铁等）	何种方式到酒店（地铁、出租、网约车等）	签名
1					
2					
3					
……					

注："1"表示会展活动举办城市名称。

表 2－16　　酒店到会展活动现场交通出行数据信息统计表

出发地酒店：
目的地：

日期	车牌号	车辆类型	燃料类型[1]	班次数（含往返）	公里数

注："1"表示汽油、柴油、电能等。

表 2－17　　非会展活动主办方城市交通出行数据信息汇总表

能耗种类		机场、高铁站到达酒店的总消耗量	酒店到达会展活动现场的总消耗量	城市交通出行总消耗量
化石燃料	汽油			
	柴油			
	天然气			
	……			
电力能耗				

通过表 2－15 和表 2－16 的方式收集数据信息具有以下特点（大型活动除外）：

● 数据收集实操性★★★，数据信息的获取渠道可以通过人工方式（签到表）或者互联网方式（会展活动购票系统）进行，两种方式均具有较高的实操性；

• 数据信息准确性★★，由于数据统计行为发生在展前阶段，故返程预期数据与返程实际产生的数据存在一定的差异；

• 数据收集性价比★★★，人工方式（签到表）或者互联网方式（会展活动购票系统）均无附加成本。

五、碳足迹报告内容

数据信息通过表 2－17 收集汇总后，制成表 2－18 和表 2－19。会展活动主办方可参考表 2－18 和表 2－19 所罗列的关键数据信息制定符合自身特点的交通出行碳足迹数据汇总表。在表 2－18 和表 2－19 基础上，最终将所有碳足迹量汇总成总表（以表 2－20 参考），作为会展活动最终碳中和报告的汇报内容之一。

表 2－18　化石燃料燃烧二氧化碳足迹数据表

化石燃料品种	活动水平		足迹因子		碳足迹量（tCO_{2e}）
	消耗量（t，万 Nm^3）	低位发热量（GJ/t，GJ/万 Nm^3）	单位热值含碳量（tC/GJ）	燃料碳氧化率（%）	
汽油					
天然气					
……					
化石燃料燃烧产生的碳足迹量（tCO_2）					

表 2－19　电力隐含的二氧化碳足迹量数据表

出行方式	电网区域	电消耗量（MWh）	碳排放因子（tCO_2/MWh）	碳足迹量（tCO_{2e}）
地铁				
公交电动车				
网约车				
电力隐含二氧化碳足迹量（tCO_2）				

表 2－20　　　　非会展活动主办方城市交通出行碳足迹量报告

会展活动名称：
会展活动时间：

化石燃料燃烧碳足迹量（tCO_2）	
电力隐含碳足迹量（tCO_2）	
非会展活动主办方城市交通出行碳足迹总量（tCO_2）	

六、城市交通出行碳减排

会展活动涉及的城市交通出行问题，其实质是检验会展活动所在城市的交通体系是否科学合理，交通基建是否完整完善。在会展活动筹划阶段，必须要考虑整个城市的交通状况，通过科学合理的规划，设置绿色出行方案，达到节能减排效果。从低碳城市建设的长远发展来看，需要通过政府对当地交通设施的改善、车辆以及燃料的技术创新和升级来达到节能减排的目标。

扩展阅读

城市连通性

城市连通性是衡量一个城市基础设施建设和交通发展的重要依据，城市连通性越高，各类交通方式（公共汽车、渡轮、步行、城际列车、高铁、地铁等）链接越顺畅，人们出行越方便。可持续发展的城市连通性不仅具有频率高、连通性强的特点，更具有低碳、绿色和环保的优势。在此背景下，具有可持续发展的城市连通性是选择会展举办城市的因素之一。Bottrill 等人（2009）在 2009 年在英国的调查与研究结果显示，交通出行的成本因素并不会影响参加音乐节的观众对出行方式的选择，观众更在意的是出行的灵活性以及便捷性（也包括公共交通的衔接程度），即活动所在场馆的城市连通性程度[①]。会展活动主办方在策划活动方案时，需要积极与当地相关机构配合，科学合理地制定交通管理方案，既要核算会展展馆周围的道路承受能力，估算会展现场的人车流量，又需要考虑是否会对周围居民产生环境和生态影响。特别是由于我国国内私家车数量的增加和停车场地的限制，场馆周围是否有公共交通服务越来越受到关注。挪威Oya艺术节主办方将会展现场选在一个城市连通性高的地方，结果显示有42%的参与者通过步行的方式参加活动，46%的参与者使用公共交通的方式，10%的参与者使用自行车，开车和搭乘出租车的参与者各占1%，有效地降级了交通出行的碳足迹[②]。

汉诺威是德国首屈一指的会展城市，该城市具有非常完善的城市连通性。宏观层面，该城市在欧洲的交通网格中占据枢纽位置，不仅有两条贯穿城市的欧洲最重要高速公路（A2和A7），而且拥有一座100条以上直航航线的汉诺威机场，并且是德国北方最大的内陆港，拥有四个港口。除了发达的海陆空交通网格，微观层面，该城市拥有非常完善的公共交通网络，14条轨道交通（地铁）线以及超过100条的公共汽车线路延伸市区内各个角落；10条城郊线和6条快速城郊线连接市区和郊县；汉诺威展览中心场馆周边交通设施发达，拥有专用火车、电车和四通八达的通行道路，连接机场、中心火车站，客商可直接到达展览场地。

2014年，世界最大的单体会展建筑——国家会展中心在虹桥商务区建成运营，并于2018年以来成功举办三届进口博览会。2021年3月上海市政府发布《虹桥国际开放枢纽建设总体方案》，进一步明确将虹桥国际开放枢纽打造成以“大交通、大会展、大商务”为目标的长三角一体化发展国家战略重要承载地。虹桥交通枢纽是结合飞机、高铁、城际铁路、城市轨道交通、公共汽车、出租车等各类交通方式为一体的大型综合交通枢纽，拥有虹桥国际机场（日本、韩国直飞航线并逐步扩容其他国际航班），京沪、沪杭、沪宁城际高速铁路，浦东国际机场—虹桥国际机场城市高速，上海轨道交通2号线（虹桥枢纽—浦东机场）、上海轨道交通10号线（虹桥枢纽—外高桥）和上海轨道交通17号线（虹桥枢纽—东方绿洲），以及衔接沪宁、沪杭、沪嘉、A9 高速公路等通往长三角地区的交通要道，30 余条公交巴士专线。

参考文献：

①Bottrill C, Papageorgiou S, Jones M. Jam packed: part 1: Audience Travel Emissions from festivals. Julie's Bicycle Report: www.juliesbicycle.com/julies/2009 Jam-Packed-Audience-Travel-Emissions-from-Festivals.pdf, 2009.

②Jones M. Sustainable Event Mangement: A practical Guide. 3rd ed [M]. London; New York: Routleedge, 2017.

（一）规划型碳减排

会展活动在举办期间对城市交通出行碳足迹的减排措施中，常见的规划型减排方法有：

错峰出行。在活动参与高峰期，通过临时性政策，调整举办城市各个行业的错峰出行时间。比如，亚特兰大、悉尼等各届奥运会均采取了错时上下班、居家办公、减少日常出行等手段来降低日常出行水平，起到了有效缓减活动期间的出行量作用，从而减少交通出行的碳足迹量。2006 年 11 月“中非合作论坛北京峰会”期间，北京市交通管理部门为确保会议期间交通顺畅，要求全市各单位合理调整上下班时间，错开交通高峰时段。结果表明，会议第一天长安街及三条环路的交通流量明显下降，车速大幅提高。对于常规燃料机动车而言，交通顺畅可以减少车用燃料的消耗，比如加减速、引擎转速、减少最大行车速度等。

交通补贴。交通补贴主要是针对使用公共交通方式出行的群体，比如，对公交乘客和地铁乘客等采取经济补助，即公交补贴、地铁补贴等。以北京市为例，由于持卡乘用公交车的补贴政策，市民公交的出行比例由 2005 年的 28.1%（李志勇，2007）提高到了 2013 年的 46%（阚枫，2014）。2020 年 9 月 8 日在“第六届世界大城市交通发展论坛”上，北京市交通委员会、北京市生态环境局携手百度地图共同发起“MaaS出行 绿动全城”主题行动，在全国首推碳普惠方式鼓励市民全方式参与绿色出行。北京市民选择公交、地铁、自行车、步行等绿色出行方式时，通过高德地图、百度地图App绑定“绿色出行-碳普惠”账号，即可累积碳减排量，兑换公共交通优惠券、购物代金券等奖励。截至9月13日，高德、百度平台“绿色出行-碳普惠”账号注册用户量达到3万余人，累计服务绿色出行12万余人次，共产生碳减排量308吨（孙宏阳，2020）。

拼车。鼓励参与活动的观众拼车，比如，为满座拼车提供停车位的免费券、免费入场券、折扣券；给主办方员工、志愿者等设定拼车计划表；联合打车平台开设顺风车服务；安排专车接送员工从现场到就近的公共车站或者地铁站等。英国共和音乐节从2012年开始为了鼓励观众拼车出行，为拼车的观众提供“优先停车场”，这个停车场的位置极佳，距离活动现场最近。这对观众们来说是一个巨大的诱惑，在此精心策划下，观众们拼车出行的数量从2012年的57次增至2015年的2267次（Jones，2017）。之前所提及的2016年德国融化吧音乐节（Melt! Festival）的官方出行合作伙伴Festival Travel公司策划和开通的400人拼“火车专列”也属于拼车范畴。

公共交通或者自行车出行。会展活动主办方可以通过各种策划方案，鼓励参与方使用公共交通或者自行车的绿色出行行为。格拉斯顿伯里音乐节从2011年开始就鼓励参加活动节的游客绿色出行。为了引导公众搭乘公共交通工具或者自行车出行，活动主办方策划了一系列创新的方式方法。比如对搭乘公共交通工具前去参加音乐节的观众，可以享受活动现场食物打折、独享太阳能淋浴服务、免费酸奶供应以及免费获得纪念T恤等奖励。在活动现场，专门为自行车出行的观众设置宿营保留地等。之前提及的德国Hurricane festival活动让乘坐火车的观众有机会通过抽奖获得美食券的案例以及比利时Rock Werchter活动中选择使用电子门票的观众可以下载一张公共交通运营商提供的免费车票的案例也都是鼓励观众和参与者使用公共交通的创新做法。2017年中国—东盟博览会期间，会展主办方在活动现场展馆内设立地铁售票点，客商可直接从展馆进站乘车，无须再次安检，提高通行效率。同时展馆现场增加循环摆渡车，调配滴滴专车和共享单车提供承运服务。

高德地图对2017年上半年内地歌手汪峰、薛之谦、张杰等人在不同城市举办演唱会对场馆周边造成的平均拥堵延时时间进行整理和归纳后发布《2017年内地歌手演唱会拥堵制造力大预测》。该报告显示，汪峰以41.40%的拥堵制造能力排名第一，张杰以40.79%的拥堵制造能力紧随其后，薛之谦以38.87%的拥堵制造能力排名第三。以2017年9月9日汪峰在北京国家体育馆（鸟巢）的演唱会为例，汪峰演唱会导致鸟巢场馆周围平日周末拥堵延时指数1.88的路程升至3.4，拥堵制造能力为80.85%。鉴于此问题，汪峰在2017年互联网+城市管理创新论坛上宣布与高德地图合作，探索其演唱会绿色出行方案，引导歌迷选择公共交通等绿色方式出行。高德地图在演唱会前向用户场发布场馆周边路段和区域的拥堵预警信息，在导航中设置躲避拥堵路段的最佳出行路线，减少用户出行的影响。同时利用已经接入高德地图的摩拜单车等共享单车平台查看附近共享单车的位置，引导观众单车骑行。

提高私家车（非拼车）出行成本。私家车（非拼车）出行方式是会展活动交通出行的一个重要碳足迹源。虽然目前任何会展活动都无法避免私家车出行，但会展活动主办方可以通过一系列策划引导大众降低私家车的使用量，较为普遍的做法是对开车参加活动的单人观众收取高额停车费。美国旧金山市区提高了公共和商业停车场的收费标准，并把停车税作为“公交优先”政策的一部分来实施；北京、上海在中心城区提高停车收费标准等都是引导大众降低私家车使用量的方式。格拉斯顿伯里音乐节对开车前来参加音乐节的观众收取正常门票价格基础上的额外出行费用，此项费用从2011年开始的4年当中提高了50%（Jones，2017）。威尔士 The Green Gathering 活动的主办方对私家车收取22英镑/小时的停车费（平时停车费则在2～3磅/小时），同时安排专用车连接附近的乡镇，方便活动期间有需要的参与者去附近乡镇购买用品，有效减少了私家车的使用。

扩展阅读

国内外共享单车的发展历程

共享单车的运营模式最早发源于荷兰的阿姆斯特丹。1965年，阿姆斯特丹的部分居民自发性地将闲置不用的自行车漆成白色，免费提供给需要使用的其他居民。这种“小白车”被认为是共享单车的雏形。在免费共享的基础上，市场化运营模式催生了投币式第二代共享单车。物联网的发展解决了第二代共享单车被盗的问题。单车可以从自动化的“出租站”或“停靠点”租用，使用完毕后返回到同一个或者另一个“出租站”或“停靠点”。平台采用押金模式，即用户必须投入一定金额作为押金，通过用户手机等方式进行解锁，在使用结束自行车归位上锁后才能取回押金。自动站共享单车平台被认为是第三代共享单车。而第四代共享单车即无桩式共享单车。无桩式共享单车概念在2000年左右提出，目前成为世界上主流的共享单车类型。无桩式共享单车的车身上安置电子锁，通过手机GPS信号定位技术进行远程监控和定位，用户无需将共享单车送回车站，也无须呼叫锁车和解锁。

我国共享单车的发展起步相对较晚，产业的发展经历了4个阶段。2014年至2016年为探索期，期间OFO、摩拜等无桩式共享单车平台相继成立；2016年至2017年为爆发期，创新的平台运营模式吸引投资方纷纷入局，共享单车市场开始了简单粗暴的扩张之路；2017年至2018年为调整期，期间行业格局发生调整，许多共享单车平台出现资金链断裂的现象；2018年至今为平稳期，监管力度加大，市场逐渐规范，导致头部平台市场份额逐渐集中，各中小型平台纷纷退出历史舞台。目前我国共享单车市场具有竞争力的平台主要有哈啰单车、青桔单车和美团单车等。

共享单车通过绿色低碳的方式解决出行“最后一公里”的问题，同时也成为会展活动主办方引导大众绿色出行的有效方式。2017 中国国际大数据产业博览会于 2017 年 5 月 25 日在贵阳召开。会展主办方与共享单车平台“快兔出行”联合推出 5 月 23 日—5 月 30 日共计 8 天免费出行活动，不限次数、不限里程，引导大众绿色出行。青桔单车为 2022 年成都世界大学生夏季运动会定制共享单车系列，在 49 个场馆和大运村中提供单车，作为场馆间出行的通勤工具，力助成都大运会低碳出行。

（二）替代型碳减排

城市交通出行方面常见的替代型减排是鼓励使用绿色清洁能源代替传统化石燃料，从而降低车辆产生的碳足迹。加拿大卡尔加里 Calgary 民谣音乐节，主办方在音乐节现场使用太阳能电动车代替传统燃油车达到减排目的。在美国加州 Buena Vista 湖举办的瓶中闪电 Lightning in a bottle 音乐节，主办方规定活动现场的交通工具必须使用可再生燃料来代替传统化石燃料。在日本，东京奥运会将采用包括氢燃料电池电动汽车在内的多种零碳足迹汽车用于运动员、观众和工作人员的交通接驳。《北京 2022 年冬奥会和冬残奥会低碳管理工作方案》中特别强调对低碳交通体系建立的方案，规定用于赛事服务的客运车辆基本使用新能源；在各赛区推广新能源汽车，积极推动符合相关车型目录氢燃料车辆的示范应用；赛事举办期间，赛区物流配送及城市配送保障车辆应采用新能源汽车或者符合国六 b 足迹标准的汽车。

案例分析

上海世博会城市交通出行的碳减排措施

1. 增加公交路线、班次和车辆。世博会期间，安排了 4 个层次、44 条地面公交线路，1104 辆车，全面完善世博公共交通网络。

2. 投放高等级公交车辆。世博会期间投入运营1147辆新能源汽车，实现8000多吨碳减排，为“低碳世博”做出了直接贡献。这些新能源公交车在世博会结束后作为活动遗产继续为上海的城市交通节能减排发挥重要作用。

3. 完善交通基础设施建设。世博会前轨道交通网络运营线路长度400余公里，为应对世博会大规模的参观客流提供了重要保障，由此带来的CO_2减排量达40多万吨。地面公交线网不断优化调整，车辆更新速度加快，在上海城区内环线以内，顺利推进了公交专用道建设，平均车速提高16%。

4. 建设智慧交通和城市大脑系统。通过信息采集获取相关交通信息和数据，加以分析整理，最后向社会和管理部门发布相关信息，提高了交通指挥调度效率，引导游客的出行。

数据来源：UNEP，2012

政策聚焦

《北京2022年冬奥会和冬残奥会低碳管理工作方案》

《北京2022年冬奥会和冬残奥会低碳管理工作方案》中特别强调对低碳交通体系建立的方案：

1. 不同赛区间的转运充分利用高铁。制定跨赛区铁路使用政策，在北京冬奥会举办期间，鼓励观众在北京、延庆和张家口赛区之间优先选择铁路出行。

2. 综合利用智能交通系统和管理措施。加强冬奥交通与城市交通信息的互联互通，完善城市公共交通运行调度系统，提高智能化管理水平。整合交通、天气信息，完善互联网、移动终端交通信息查询系统，利用动态交通信息发布与诱导系统等先进的交通信息技术为冬奥赛事观众提供交通信息服务，实时分析与研判人车流动情况，加强铁路、民航、公共交通、出租车等城际间、城市内各类出行及停车场、充电桩等交通设施信息的发布。北京冬奥会举办期间，在北京市及张家口市，实施城市交通综合管理措施，降低机动车使用强度。

3. 赛事举办期间交通服务基本实现清洁能源供应。用于赛事服务的客运车辆基本使用新能源，在各赛区推广新能源汽车，积极推动符合相关车型目录氢燃料车辆的示范应用；建设配套的充电桩、加氢站等，满足赛区电动汽车、氢能源汽车运行需求；赛事举办期间，赛区物流配送及城市配送保障车辆应采用新能源汽车或者符合国六 b 足迹标准的汽车。

4. 大力发展绿色低碳出行模式。北京市和张家口市倡导“135”绿色低碳出行方式（1 公里以内步行，3 公里以内自行车，5 公里左右乘坐公共交通工具）。北京市中心城区和延庆新城绿色出行比例达到 75% 以上，张家口城市交通绿色出行比例达到 60% 以上。

5. 在交通设施建设工程中使用低碳工程技术。采用符合环保要求的工程方法、建筑材料、施工机械等，大力推广温拌沥青技术和旧路材料的循环利用，减少施工阶段温室气体足迹和对资源的二次开采。

第五节　场馆电耗与能耗

一、核算对象和项目

场馆电耗和能耗是指会展活动现场的各种固定设备和移动设备所产生的电力消耗和能源消耗，是会展活动无法避免的碳足迹之一，其碳足迹量的大小根据会展活动性质而定。本章节主要阐述在场馆电耗与能耗方面如何进行项目确定、数据收集、碳足迹核算、碳足迹汇报和碳减排实施。

在会展活动碳足迹核算期内，本章节涉及的核算对象包括：

- 会展活动场馆的净购入电力以及其他能耗；

• 会展活动主办方租用的临时办公场地净购入电力以及其他能耗；

• 会展活动主办方出资为其他主体临时租用的办公场地净购入电力以及其他能耗。

本章节电耗和能耗碳足迹不包括以下内容：

• 会展活动在场馆搭建和展前准备环节涉及的基础设施电耗和能耗隐含的碳足迹计入展前基础设施建设部分（详见第二章第八节）；

• 酒店、宾馆在会展活动碳足迹核算期内的电耗和能耗隐含的碳足迹独立计入酒店部分（详见第二章第七节）。

报告主体进行碳足迹核算和报告的完整工作流程主要包括：

①确定核算边界；

②识别排放源；

③建立核算模型；

④收集活动水平数据，选择和获取排放因子数据；

⑤核算并报告碳足迹；

⑥制订未来碳减排措施和规划（可选择）。

二、碳足迹核算边界

会展活动主办方场馆电耗和能耗碳足迹核算边界定义包括净购入使用电力隐含的碳足迹和净购入其他能源隐含的碳足迹两种。本章节涉及的场馆电耗和能耗碳足迹核算主要参考文献为《省级温室气体清单指南（试行）》。

三、碳足迹核算模型

（一）碳足迹总量核算

会展活动主办方在场馆电耗和能耗方面的碳足迹总量核算公

式为：

$$E_{能耗} = E_{电耗} + E_{其他} \quad (2-36)$$

公式（2－36）中：

$E_{能耗}$为核算和报告期内会展活动主办方会展活动场馆净购入能源所产生的碳足迹总量，单位为吨 CO_2当量（tCO_{2e}）；

$E_{电耗}$为核算和报告期内会展活动主办方会展活动场馆净购入电力所产生的碳足迹量，单位为吨 CO_2当量（tCO_{2e}）；

$E_{其他}$为核算和报告期内会展活动主办方会展活动场馆净购其他源种类所产生的碳足迹量，单位为吨 CO_2当量（tCO_{2e}）。

（二）电力碳足迹

核算和报告期内会展活动主办方净购入电力所产生的碳足迹量 $E_{电耗}$ 核算公式为：

$$E_{电耗} = FC_s \times EF_s \quad (2-37)$$

公式（2－37）中：

s 表示会展活动举办城市所在的第 s 区域，区域判定参考附录三：2019 年度六大区域电网 OM 排放因子参考表；

FC_s 为核算和报告期内会展活动主办方在第 s 区域的净购入电量，单位为兆瓦时（MWh），净购入电量以第 s 区域的举办会展活动场馆和临时租用场地物业提供的单据为准；

EF_s 为第 s 区域电网供电平均碳排放因子，单位为吨 CO_2当量/兆瓦时（tCO_{2e}/MWh），碳排放因子数据选用国家主管部门公布的最近年份相应区域电网平均 CO_2足迹因子进行核算，取值参考附录三。

（三）其他能源碳足迹

1. 其他能源碳足迹

核算和报告期内会展活动主办方净购入其他能源种类所产生的碳

足迹量 $E_{其他}$ 核算公式为：

$$E_{其他} = \sum_{i}^{I} E_i \tag{2-38}$$

公式（2－38）中：

I 为核算和报告期内会展活动主办方净购入能源共有 I 种类型；

E_i 为核算和报告期内会展活动主办方净购入其他第 i 种能源所产生的碳足迹量，单位为吨 CO_2 当量（tCO_{2e}）。

2. 其他能源碳足迹

核算和报告期内会展活动主办方净购入其他第 i 种能源所产生的碳足迹量 E_i 核算公式为：

$$E_i = AD_i \times EF_i \tag{2-39}$$

公式（2－39）中：

AD_i 为核算和报告期内会展活动主办方净购入其他第 i 种能源活动水平，单位为吉焦（GJ）；

EF_i 为核算和报告期内会展活动主办方净购入其他第 i 种能源的碳排放因子，单位为吨 CO_2 当量/吉焦（tCO_{2e}/GJ）。

3. 其他能源活动水平

核算和报告期内会展活动主办方净购入其他第 i 种能源的活动水平 AD_i 核算公式为：

$$AD_i = NCV_i \times FC_i \tag{2-40}$$

公式（2－40）中：

NCV_i 为核算和报告期内会展活动主办方净购入其他第 i 种能源的平均低位发热量，对液体燃料，单位为吉焦/吨（GJ/t）；对气体燃料，单位为吉焦/万立方米（$GJ/10^4Nm^3$），取值参考《附件一：常见化石燃料特性参数缺省值》；

FC_i 为核算和报告期内责任主体净购入其他第 i 种能源的净购入量，对液体燃料，单位为吨（t）；对气体燃料，单位为万立方米（10^4Nm^3），净购入量以会展活动场馆和临时租用场地物业提供的单据为准。

4. 碳排放因子

第 i 种能源碳排放因子 EF_i 核算公式为：

$$EF_i = CC_i \times OF_i \times \frac{44}{12} \qquad (2-41)$$

公式（2－41）中：

CC_i 是核算和报告期内会展活动主办方净购入其他第 i 种能源的单位热值含碳量，单位为吨碳/吉焦（tC/GJ），取值参考附录一：常见化石燃料特性参数缺省值；

OF_i 是核算和报告期内会展活动主办方购入其他第 i 种能源的碳氧化率，以百分比（%）表示，取值参考附录一：常见化石燃料特性参数缺省值；

$\frac{44}{12}$ 为二氧化碳与碳的分子量之比。

四、碳足迹数据收集

核算会展活动主办方的场馆电耗和能耗方面碳足迹关键是获取相关的净购入量数据，以会展活动场馆和临时租用办公场地物业提供的会展活动核算期内的单据为准，表 2－21 汇总各场馆需要收集的电耗和能耗信息。各会展活动主办方可制定符合自身特点的数据信息汇总表。

表 2－21　　各场馆电耗和能耗数据信息汇总

		场馆 1	场馆 2	场馆 3	……	共计
电耗净购入量						
能耗净购入量	热能					
	天然气					
	……					

通过表 2－21 收集数据信息具有以下特点：

● 数据收集实操性★★★，数据有专门物业公司提供准确的净购入量；

● 数据信息准确性★★★，净购入量通过数字化监测系统生成，准确可靠；

● 数据收集性价比★★★，数据信息直接从财务收据中提取，无须额外成本。

五、碳足迹报告内容

利用表 2－21 的数据信息制成表 2－22，会展活动主办方可以参考表 2－22 所罗列的关键数据信息制定符合自身特点的碳足迹数据汇总表。在表 2－22 基础上，最终将所有碳足迹量汇总成总表（以表 2－23 参考），作为会展活动最终碳中和报告的汇报内容之一。

表 2－22　化石燃料燃烧和电力隐含二氧化碳足迹数据表

化石燃料类型	活动水平		足迹因子		碳足迹量（tCO_{2e}）
	消耗量（t，万 Nm^3）	低位发热量（GJ/t，GJ/万 Nm^3）	单位热值含碳量（tC/GJ）	燃料碳氧化率（%）	
1. ×××					
2. ×××					
……					
化石燃料燃烧产生的碳足迹量（tCO_2）					
	电消耗量（MWh）		电网区域	碳排放因子（tCO_2/MWh）	碳足迹量（tCO_{2e}）
电力					
电力隐含二氧化碳足迹量（tCO_2）					

表 2-23　　会展活动主办方场馆电耗能耗碳足迹量报告

会展活动名称：

会展活动时间：

化石燃料燃烧碳足迹量（tCO_2）	
电力隐含碳足迹量（tCO_2）	
会展活动主办方场馆电耗能耗碳足迹总量（tCO_2）	

六、电耗和能耗碳减排

（一）规划型碳减排

会展活动现场电耗和能耗的规划型碳减排主要是通过对会展活动进行科学合理的规划、设计、调度和管理，达到节能减排的效果。比如，根据不同的会展活动内容、不同的人群数量，布置展馆的灯光效果；根据不同的会展区域，设置不同的照明控制等。

英国 ZAP Concepts 是一家总部位于荷兰海尔德市的咨询公司，其名字 ZAP 是零排放（Zero Air Pollution）的英文缩写，公司成立于 2011 年，专门为各类会展活动提供智慧用电解决方案。其在欧洲为许多节庆活动，比如沃尔沃环球帆船赛（Volvo Ocean Race）、DGTL 电音节、Vestival 都市舞蹈节、Defqon 舞蹈节、Milkshake 活动等，提供最优的供电解决方案。以曼彻斯特大游行活动（Manchester Pride）为例，其在进行大量的历史数据整理和分析后，量身定做了一套智慧用电方案，使其发电设备使用的燃料下降 27%，二氧化碳排放总量下降 64%，发电设备使用的总数量下降 25%，40% 的发电设备实现了 100% 氢化植物油作为燃料，节能减排效果显著①。他们在中国和草莓音乐节合作，在对草莓音乐节现场用电进行长期的数据采集和监测后，为音乐节定制和建立一个电力消耗数据库，从现场的供电和配电情况、

① www. zapconcepts. com/en/manchester-pride.

电气安全、电力扫描、能源监测、能源效率等几个方面对活动现场的用电情况进行专业分析，并结合数据及现场勘测情况，为后续草莓音乐节现场的智慧用电提供专业节能方案，包括将每次现场用电与前期多站勘测得出的电力消耗数据库进行对比，对现场出现的不合理用电情况提出改善建议，寻找适合大型户外音乐节的高效用电方式。

2022 年北京冬奥会新建场馆国家速滑馆的场馆能通过智能化能源管理系统，把制冷产生的废热，用于除湿、冰面维护、场馆生活热水等。在全冰面模式下，每年仅制冷部分就能节省 200 多万度电，相当于减少近 3900 辆汽车的二氧化碳年度足迹量（苏荇，2021）。位于北京延庆小海陀山中延庆赛区的雪车雪橇赛道是目前世界上首条整体加盖遮阳棚的赛道，其主要目的是节能减排低碳。设计团队对赛道形状、自然地形和“人工地形”进行了勘测和综合考量后，通过分析相关数据信息论证建设遮阳棚的效果和可行性。同时通过自主研发的“地形气候保护系统”收集、分析和评估赛道的环保数据，有效降低气候因素对冰面的影响，最大限度降低赛道的能源损耗。

（二）替代型碳减排

场馆电耗和能耗方面的替代型碳减排措施主要集中在两方面：利用绿色能源来替代传统的化石燃料发电和使用效率更高能耗更低的电子电气设备。发达国家在探索会展活动绿色替代能源方面先行一步，许多高科技产品在会展行业节能减排应用中不断涌现，创意十足。

1. 绿色能源

太阳能。美国户外 Bonnaroo 音乐与艺术节通过在门票上增加一块钱的方式，将收集的额外费用投资建造了一个 50 千瓦的太阳能发电系统，该系统由 196 块太阳能板组成，永久性安装在 Bonnaroo 活动的场馆设施建筑上，提供活动现场 20% 的电力供应。在没有活动时，该系统产生的电力作为“绿色”电力并网销售给当地的供电公司。

氢能。英国伦敦 Arcola 大剧院因极其便利的地理位置常年成为各类会展活动的举办场所，剧院对电力需求量巨大。大剧院投资建造了一个5千瓦的可移动氢能供电系统，该系统可为大剧院的户外和室内活动提供充足的电力。在德国，德国 Tollwood Festival 活动所使用的电力均购买由 Stadtwerke Munchen 公司提供的绿色电力，此方法为活动减少了至少621吨二氧化碳足迹（Jones，2017）。

人体动能。2014年荷兰 Energy Floor 公司发明了利用人群走动的动能方式发电的特殊地板，该地板可以安置于会展活动现场人流量大的区域，依靠人流的动能发电。每年在美国加州 Indio 沙漠里举办的柯契拉音乐节（The Coachella Valley Music and Arts Festival）是加州本土举办的三大音乐节中规模最大的，主办方 Goldenvoice 紧跟科技创新步伐，很早就开始尝试在活动现场设置“能源游乐场”，活动参与者通过跷跷板等娱乐活动项目利用自己的体重发电。法国巴黎“我们爱绿色”音乐节（We Love Green）活动主办方在活动现场设置可以给手机充电的固定自行车，活动参与者可以通过骑自行车的方式给自己的手机充电，既可以锻炼身体又可减少不必要的电力资源。

废弃植物油。2008年葡萄牙新伊达尼亚湖畔举行的鼎盛国际迷幻曲音乐节（Boom），主办方通过合理规划回收了45000升废弃植物油用于发电和供混合动力车辆使用，相当于减少了11.7万公斤的二氧化碳足迹；他们从2010年开始自建太阳能发电机并在2012年启动了“断网行动”，最大可能利用太阳能作为音乐节的电力供应，减小对煤电等传统电力的依赖（沈川，2018）。

政策聚焦

《北京2022年冬奥会和冬残奥会低碳管理工作方案》场馆能耗碳减排措施

（一）推动低碳能源技术示范项目

1. 张北柔性直流电网试验示范工程

建设世界首个±500千伏四端环形结构的柔性直流电网。在河北省张家口地区建设2座新能源送端换流站，换流容量分别为1500兆瓦和3000兆瓦；在河北省承德地区建设丰宁调节端换流站，换流容量1500兆瓦；在北京市延庆区建设1个受端换流站，换流容量3000兆瓦。工程可满足6800～7590兆瓦可再生能源装机的外送和消纳需求，为北京冬奥会电力需求提供可再生能源保障。

2. 场馆常规电力消费需求综合实现100%可再生能源

通过光伏、风电等可再生能源消纳和适用于北京冬奥会的跨区域绿电交易机制，以及储能系统、电力电子设备多能互补等，保障场馆常规电力消费需求充分利用可再生能源；在具备条件的场馆推进光伏、光热系统建筑一体化应用，推进分布式可再生能源就地利用。

（二）加强低碳场馆建设管理

1. 建设赛区超低能耗低碳示范工程

北京、延庆、张家口三个赛区因地制宜，充分利用地热、余热等资源，实施建筑面积各自不少于1000平方米超低能耗低碳示范工程。冬奥村设计优先采用可再生能源利用技术，以及高效外保温、高性能门窗及户式新风处理机组等先进超低能耗建筑技术。鼓励竞赛场馆及其他非竞赛场馆开展超低能耗示范工程。

2. 推进场馆运行能耗和碳足迹智能化管理

北京、延庆、张家口三个赛区新建场馆应根据《北京市非工业用能单位能源管控中心建设指南》，建设能源管控中心，监测电、气、水、热力的消耗情况，对空调、采暖、电梯、照明等建筑耗能实施分项、分区计量监测控制。鼓励既有场馆设置能源管控中心。

3. 提高制冰造雪效率

因地制宜选用高效造雪设备，合理控制造雪量。按照最大节能原则设计制冷系统，充分利用冰场余热。制冷剂使用应符合《关于消耗臭氧层的蒙特利尔议定书》及国家有关规定，在合适的场馆进行二氧化碳制冷示范应用。

2. 硬件设备

会展现场常见的硬件设备有照明、视觉、音响、通风、供暖、制冷等，有提供餐饮服务条件的场所，还设置有烹饪、烘焙、冷藏、洗涤等设备。我国坚持走会展产业高质量发展的路线为这些制造业产业提供了更新换代的应用场景，开辟科技创新的新战场。

传统的国内外剧场舞台照明灯具基本上采用 1 千瓦 ~5 千瓦的卤钨光源灯具，但卤钨光源在使用过程中具有热污染大（95% 电能转化成热能）、红外辐射强、配套设施重复浪费多（需要高负荷的空调同时运作保持降温）、易损消耗高（其中卤钨光源的寿命一般为 200 小时左右）等问题，而 LED 灯具的出现有效解决了卤钨光源的缺陷，从而实现照明方面的节能减排。随着我国“3060”[①] 双碳政策的持续推进，预计 2022 年北京冬奥会将给 LED 体育场馆照明市场带来新一轮的高增长周期，同时也将推动我国 LED 企业的研发创新热潮。

物联网的发展，特别是展馆能耗监测和控制的智能应用方面，对会展活动的节能减排起到巨大的促进和推动作用。北欧地区最大的会展活动中心丹麦的贝拉会展中心建造于 1974 年，当其被确定为哥本哈根气候变化大会的主会场后，自 2008 年 8 月开始先后投入 250 万欧元对中心能耗最大的取暖、通风、照明三大系统进行节能减排的改造。在照明设备方面，中心安装 1700 多个新型节能照明灯具，用 5200 多个节能灯泡代替传统的照明设备，同时更新升级智能照明控制系统，可以根据户外光照自动调节室内光照强弱，每年能节省 30 万度电；在通风系统改造方面，采取自动调节装置和智能通风监测和控制系统相结合的方式，能耗相比之前降低 30% ~50%（Jones, 2017）。

---

① 即 2030 年碳达峰，2060 年碳中和。

产业聚焦

我国绿色电力行业发展

2017 年 1 月，国家发改委、财政部、能源局三部委联合发布《关于试行可再生能源绿色电力证书核发及自愿认购交易制度的通知（发改能源〔2017〕132 号）》，标志着我国绿色电力证书制度正式试行。

2018 年国家能源局分别于 3 月 23 日、9 月 13 日和 11 月 15 日发布了《可再生能源电力配额及考核办法》征求意见稿的第一版、第二版和《关于实行可再生能源电力配额制的通知》的第三版征求意见稿。

2019 年 1 月国家发改委、国家能源局联合发布《关于积极推进风电、光伏发电无补贴平价上网有关工作的通知》，明确提出鼓励通过绿色认证获得收益，平价上网项目可通过绿色认证交易获得合理收益。

2019 年 5 月，国家发展改革委、国家能源局联合发布《关于建立健全可再生能源电力消纳保障机制的通知》，要求按省级行政区域对电力消费规定应达到的可再生能源电量比重，完成消纳量可以自愿认购可再生能源电力绿色电力证书，绿色认证对应的可再生能源电量等量计为消纳量。

我国绿色电力可以通过中国绿证认购平台（www. greenenergy. org. cn）进行交易，中国绿证认购平台是由中国国家可再生能源信息管理中心管理的绿色电力交易平台。国家可再生能源信息管理中心依托国家可再生能源发电项目信息管理系统，负责绿色认证核发工作，同时建设全国绿色电力证书自愿认购交易平台，并组织实施绿证自愿认购交易。图 2 -4 归纳和总结了我国从 2007 年到 2019 年风电和光伏累计装机容量，从中可以看出，2019 年累计装机容量超过 4 亿千瓦，风电和光伏几乎各占一半。根据绿证认购平台显示，截至 2021

年 7 月 15 日已有 3043 名认购者，共计认购 78791 个绿证，其中补贴绿证数量为 76357 个，无补贴绿证数量 2434 个。

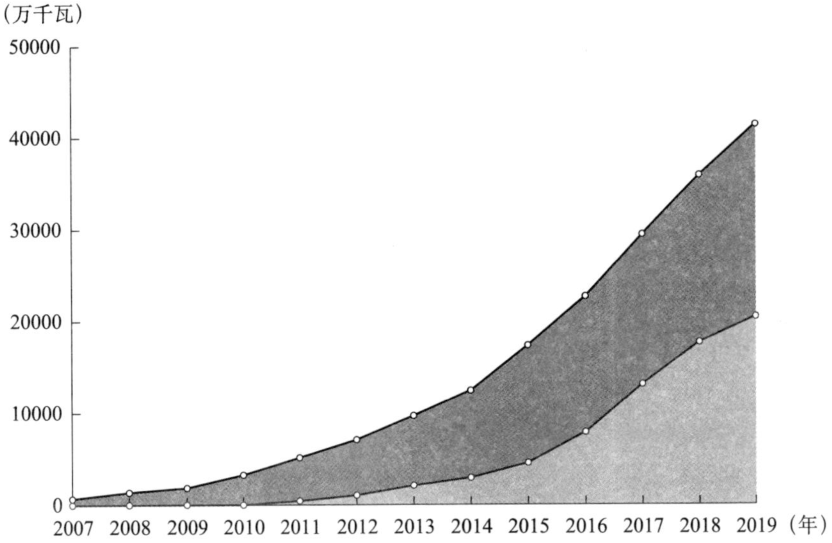

图 2-4　2007—2019 年我国风电和光伏累计装机容量

数据来源：中国绿证认购平台。

第六节　采　　购

一、核算对象和项目

不同性质的会展活动，主办方有不同的采购项目。小型会展活动主办方可能只需采购几项必需品和服务，而大型国际性会展活动的采购项目清单涉及几十种甚至上百种商品和服务。在核算采购涉及商品的碳足迹之前，首先要确认会展活动主办方的采购项目清单，根据清单内容明确采购商品和服务总数量。判断商品和服务项目是否符合采购清单标准是以主办方实际项目支出费用为准，数据信息从会展活动主办方的财务报表中获取。常见的采购商品和服务项目主要包括以下几个方面：

- 办公和行政设备，比如办公用品、纸张、茶具、电脑以及周边设备、桌椅、通信设备等；
- 比赛与活动过程中的用品与用具，比如运动器械、展台现场用品、奖牌等；
- 维护和运行物品和设备，比如工作制服、鞋帽、徽标、出入证、伞具、急救用品、防疫用品等；
- 会展活动纪念品，比如纪念品、文具、玩具、服饰、箱包、鞋帽等；
- 其他各类针对会展活动的产品或者服务采购。

会展活动主办方的采购项目内容并不包括以下方面：

- 展前基础设施建设相关的原料采购（详见第二章第八节）；
- 主办方相关人员差旅的交通出行（详见第二章第二节）；
- 主办方相关人员差旅的住宿和餐饮（详见第二章第七节）。

报告主体进行碳足迹核算和报告的完整工作流程主要包括：

①确定核算边界；

②识别排放源；

③建立核算模型；

④收集活动水平数据，选择和获取排放因子数据；

⑤核算并报告碳足迹；

⑥制订未来碳减排措施和规划（可选择）。

二、核算边界

根据生产目的不同，采购清单中的商品可进一步分为两大类：

第一类：主办方针对会展活动特别定制的商品，如制服、徽章、各种纪念品（礼品和商品）、各种定制办公用品等；第二类：除此之外的非定制商品。

定制类产品的生产目的是满足会展活动主办方的特殊需求，因活动而引发，因此涉及此类产品的各个环节碳足迹均纳入会展活动主办方的碳足迹核算范围。其产品碳足迹核算边界涵盖从制作定制类产品的原料采集、原料运输、定制产品生产加工、定制产品物流运输、使用以及维护等各环节产生的碳足迹（由于不涉及产品最终的回收处理）。非定制类产品生产目的是满足整个市场需求，采用批量生产的方式。会展活动主办方作为普通消费者，其采购行为被视为普通消费者采购，因此非定制类产品从原料采集、原料运输、定制产品生产加工到定制产品物流运输各环节产生的碳足迹均纳入生产厂家自身的碳足迹核算体系。对会展活动主办方而言，非定制类产品碳足迹核算边界仅限于使用环节中电耗和能耗所产生的隐含碳足迹。

如图 2－5 所示，本章节中会展活动主办方采购产品和服务的碳足迹核算边界主要针对定制采购商品在生产过程中所消耗的化石燃料所产生或电力隐含的二氧化碳部分。而主办方采购的非定制商品碳足迹主要是在使用过程中所消耗的化石燃料所产生或电力隐含的二氧化碳，而此部分则计入第二章第五节现场电耗和能耗的碳足迹，不再纳入本章节的碳足迹核算范围，避免发生重复核算的问题。

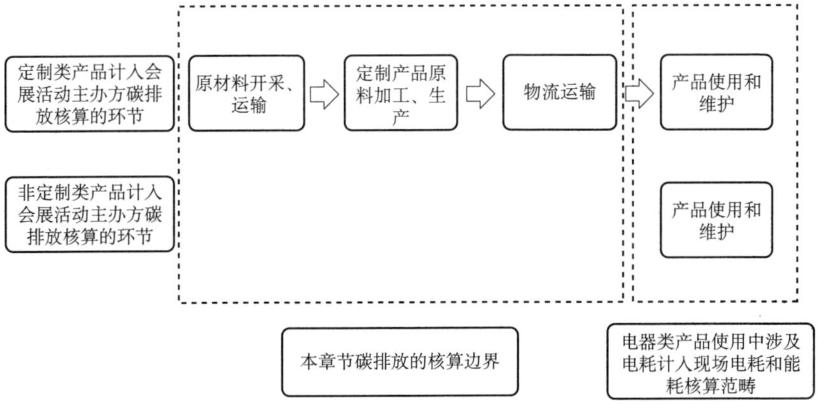

图 2－5　不同性质的采购商品的碳足迹核算边界

本章节涉及的商品采购碳足迹核算主要参考文献为《省级温室气体清单指南（试行）》。

三、碳足迹核算模型

（一）碳足迹总量核算

定制产品的种类根据会展活动级别和规模不同而涉及不同范围，从普通会展活动采购的酒水、制服、电子设备、办公用品、纪念品等常见产品到大型会展活动比如奥运会采购的奥运接力火炬、奖牌等，产品种类涵盖各个领域。

采购定制产品所产生的碳足迹总量 $E_{采购定制}$ 核算公式为：

$$E_{采购定制} = \sum_{i}^{I} E_i \tag{2-42}$$

公式（2－42）中：

$E_{采购定制}$ 为核算和报告期内由采购定制产品所产生的碳足迹总量，单位为吨 CO_2 当量（tCO_{2e}）；

I 为核算和报告期内会展活动采购定制产品共有 I 种类型；

E_i 为核算和报告期内会展活动采购第 i 种定制产品产生的碳足迹量，单位为吨 CO_2 当量（tCO_{2e}）。

（二）定制产品碳足迹量

第 i 种定制产品所产生的碳足迹量 E_i 核算公式为：

$$E_i = E_{i,开采} + E_{i,运输} + E_{i,加工生产} + E_{i,物流} \tag{2-43}$$

公式（2－43）中：

$E_{i,开采}$ 为核算和报告期内第 i 种定制产品在其原材料开采阶段所产生的碳足迹；

$E_{i,运输}$ 为核算和报告期内第 i 种定制产品从原料开采地到加工生产厂家的运输环节所产生的碳足迹；

$E_{i,加工生产}$ 为核算和报告期内第 i 种定制产品在加工生产阶段所产生的碳足迹；

$E_{i,物流}$ 为核算和报告期内第 i 种定制产品从加工生产厂家到会展活动主办方指定放置地点的物流环节所产生的碳足迹。

（三）原材料开采阶段碳足迹

1. 开采阶段碳足迹总量

$$E_{i,开采} = \sum_{j}^{J} AD_{i,j} \times EF_{i,j} + \sum_{s}^{S} AD_{i,s} \times EF_{i,s} \quad (2-44)$$

公式（2－44）中：

J 表示核算和报告期内第 i 种定制产品在开采阶段共消耗 J 种类型化石燃料；

$AD_{i,j}$ 为核算和报告期内第 i 种定制产品所产生第 j 种类型化石燃料活动水平，单位为吉焦（GJ）；

$EF_{i,j}$ 为核算和报告期内第 i 种定制产品净购入第 j 种类型化石燃料所产生的碳排放因子，单位为吨二氧化碳/吉焦（tCO_{2e}/GJ）；

s 表示原材料开采地所在的第 s 区域，区域确认参考附录三：2019 年度六大区域电网 OM 排放因子参考表；

$AD_{i,s}$ 为核算和报告期内第 i 种定制产品在原料开采环节第 s 区域的用电量，单位为兆瓦时（MWh），净购入电量以第 s 区域的原材料开采商或者定制商品生产商提供的单据数据为准；

$EF_{i,s}$ 为核算和报告期内第 i 种定制产品在原料开采环节第 s 区域电网供电平均二氧化碳排放因子，单位为吨二氧化碳/兆瓦时（tCO_{2e}/MWh），取值参考附录三：2019 年度六大区域电网 OM 排放因子参考表。

2. 化石燃料活动水平

核算和报告期内第 i 种定制产品所产生的第 j 种类型化石燃料活动水平 $AD_{i,j}$ 核算公式为：

$$AD_{i,j} = NCV_{i,j} \times FC_{i,j} \quad (2-45)$$

公式（2-45）中：

$NCV_{i,j}$ 是核算和报告期内第 i 种定制产品所产生的第 j 种类型化石燃料平均低位发热量，对液体燃料，单位为吉焦/吨（GJ/t）；对气体燃料，单位为吉焦/万立方米（$GJ/10^4Nm^3$），取值参考《附件一：常见化石燃料特性参数缺省值》；

$FC_{i,j}$ 是核算和报告期内第 i 种定制产品所产生的第 j 种类型化石燃料净购入量，对液体燃料，单位为吨（t）；对气体燃料，单位为万立方米（10^4Nm^3），净购入量以原材料开采商或者定制商品生产商所提供的能耗数据信息为准。

3. 碳排放因子

核算和报告期内第 i 种定制产品净购入第 j 种类型化石燃料所产生的碳排放因子 $EF_{i,j}$ 核算公式为：

$$EF_{i,j} = CC_{i,j} \times OF_{i,j} \times \frac{44}{12} \tag{2-46}$$

公式（2-46）中：

$CC_{i,j}$ 是核算和报告期内第 i 种定制产品净购入第 j 种类型化石燃料的单位热值含碳量，单位为吨碳/吉焦（tC/GJ），取值参考附录一：常见化石燃料特性参数缺省值；

$OF_{i,j}$ 是核算和报告期内第 i 种定制产品净购入第 j 种类型化石燃料的碳氧化率，以百分比（%）表示，取值参考附录一：常见化石燃料特性参数缺省值；

$\frac{44}{12}$ 为二氧化碳与碳的分子量之比。

（四）运输阶段碳足迹

核算和报告期内第 i 种定制产品从原料开采地到加工生产厂家的运输环节所产生碳足迹 $E_{i,运输}$ 核算公式为：

$$E_{i,运输} = \sum_{k}^{K} (FC_{i,k} \times D_{i,k} \times ef_{i,k}) \tag{2-47}$$

公式（2－47）中：

K 表示核算和报告期内第 i 种定制产品共有 K 种原料；

FC_i 为核算和报告期内第 i 种定制产品第 k 种原料从原料开采地到加工生产厂家运输环节的重量，单位为吨（t），以运输企业提供的数据信息为准；

D_i 为核算和报告期内第 i 种定制产品第 k 种原料从原料开采地到加工生产厂家的平均运输距离，单位为千米（km），以运输企业提供的实际运输距离为准；

$ef_{i,物流,j}$ 为核算和报告期内第 i 种定制产品第 k 种原料从原料开采地到加工生产厂家运输环节的单位重量运输距离的碳排放因子，单位为吨 CO_2 当量/吨·千米（$tCO_2/t \cdot km$），取值参考附录四：各类运输方式的碳排放因子。

（五）加工生产碳足迹

1. 加工生产碳足迹总量

$$E_{i,加工生产} = \sum_{n}^{N} AD_{i,n} \times EF_{i,n} + \sum_{s}^{S} AD_{i,s} \times EF_{i,s} \qquad (2-48)$$

公式（2－48）中：

N 表示核算和报告期内第 i 种定制产品在加工生产阶段共消耗 N 种类型化石燃料；

$AD_{i,n}$ 为核算和报告期内第 i 种定制产品所产生的第 n 种类型化石燃料活动水平，单位为吉焦（GJ）；

$EF_{i,n}$ 为核算和报告期内第 i 种定制产品净购入第 n 种类型化石燃料所产生的碳排放因子，单位为吨二氧化碳/吉焦（tCO_{2e}/GJ）；

s 表示加工生产商所在城市的第 s 区域，区域确认参考《附件三：2019 年度六大区域电网 OM 排放因子参考表》；

$AD_{i,s}$ 为核算和报告期内第 i 种定制产品在加工生产环节第 s 区域的用电量，单位为兆瓦时（MWh），净购入电量以第 s 区域的加工生产商提供的单据数据为准；

$EF_{i,s}$ 为核算和报告期内第 i 种定制产品在加工生产环节第 s 区域电网供电平均二氧化碳排放因子，单位为吨二氧化碳/兆瓦时（tCO_{2e}/MWh），碳排放因子数据选用国家主管部门公布的最近年份相应区域电网平均 CO_2 足迹因子进行核算。

2. 化石燃料活动水平

核算和报告期内第 i 种定制产品所产生的第 n 种类型化石燃料活动水平 $AD_{i,n}$ 的核算公式为：

$$AD_{i,n} = NCV_{i,n} \times FC_{i,n} \tag{2-49}$$

公式（2-49）中：

$NCV_{i,n}$ 是核算和报告期内第 i 种定制产品第 n 种类型化石燃料的平均低位发热量，对液体燃料，单位为吉焦/吨（GJ/t）；对气体燃料，单位为吉焦/万立方米（$GJ/10^4Nm^3$），取值参考附录一：常见化石燃料特性参数缺省值；

$FC_{i,n}$ 是核算和报告期内第 i 种定制产品第 n 种类型化石燃料的净购入量，对液体燃料，单位为吨（t）；对气体燃料，单位为万立方米（10^4Nm^3），净购入量以加工生产商所提供的能耗数据信息为准。

3. 碳排放因子

核算和报告期内第 i 种定制产品净购入第 n 种类型化石燃料所产生的碳排放因子 $EF_{i,n}$ 核算公式为：

$$EF_{i,n} = CC_{i,n} \times OF_{i,n} \times \frac{44}{12} \tag{2-50}$$

公式（2-50）中：

$CC_{i,n}$ 是第 i 种定制产品净购入第 n 种类型化石燃料的单位热值含碳量，单位为吨碳/吉焦（tC/GJ），取值参考《附件一：常见化石燃料特性参数缺省值》；

$OF_{i,n}$ 是第 i 种定制产品净购入第 n 种类型化石燃料的碳氧化率，以百分比（%）表示，取值参考《附件一：常见化石燃料特性参数缺省值》；

$\frac{44}{12}$为二氧化碳与碳的分子量之比。

（六）物流环节碳足迹

核算和报告期内第 i 种定制产品从加工生产厂家到会展活动主办方指定放置地点的物流环节所产生的碳足迹 $E_{i,物流}$ 核算公式为：

$$E_{i,物流} = \sum_{m}^{M} (FC_{i,m} \times D_{i,m} \times ef_{i,m}) \quad (2-51)$$

公式（2－51）中：

M 为核算和报告期内第 i 种定制产品从加工生产厂家到会展活动主办方指定放置地点的物流环节共有 M 个班次；

$FC_{i,m}$ 为核算和报告期内第 i 种定制产品从加工生产厂家到会展活动主办方指定放置地点的第 m 个物流班次的重量，单位为吨（t），以物流运输单位提供的数据信息为准；

$D_{i,m}$ 为核算和报告期内第 i 种定制产品从加工生产厂家到会展活动主办方指定放置地点的第 m 个物流班次的平均运输距离，单位为千米（km），以物流运输单位提供的实际运输距离为准；

$ef_{i,m}$ 为核算和报告期内第 i 种定制产品从加工生产厂家到会展活动主办方指定放置地点的第 m 个物流班次的单位重量运输距离的碳排放因子，单位为吨 CO_2 当量/吨·千米（tCO_{2e}/t·km），取值参考附录四：各类运输方式的碳排放因子。

扩展阅读

碳标签

产品碳标签是将产品全生命周期各阶段碳排量标示出来的一种环境标签[①]，制定和推广碳标签目的是引导消费者树立正确科学的消费理念，在满足相同功能前提下，选择碳排放量低的产品，从而达到缓解气候变暖的效果。

英国是全球最早推出产品碳标签的国家，其 Carbon Trust 公司早在 2007 年就推出全球第一批具有碳标签的产品，涵盖食品和快消品类目。Carbon Truest 公司在 2008 年将碳标签产品扩展到 20 家厂商 75 种产品，同年德国、法国、瑞士、日本和韩国分别推出具有各自特色的碳标签制度。多数国家的碳标签制度以全生命周期碳排放核算方法作为核心基础，比如法国 Casino 公司的 Group Casino Indice Carbon 碳标签、瑞士 Climatop 碳标签制度、美国 Carbonfund 公司的 CarbonFree 碳标签制度、美国 Climate Conscious 碳标签制度、日本经济产业省的自愿性碳足迹标签等。消费者是碳标签产品的最终购买者，哪些因素影响消费者支付意愿，将影响企业低碳生产的积极性和主动性，所以有必要对消费者对碳标签产品的支付意愿及其影响因素展开研究，比如对低碳知识认知度推广、碳标签理解程度宣传教育、碳标签可信度解释和宣传等。

碳标签作为一种将直接碳排放和间接碳排放标识于产品之上的生态环境标识，已经从一个公益性标识转变为一个国际贸易通行证，成为“一带一路”背景下中国企业“走出去”的重要砝码[②]。作为一个负责任的大国以及全球最大林产品进口、出口和消费国，中国应尽快开展产品碳标签相关标准制定、宣传和推广等各项研究。

参考文献：

①张露．碳标签对低碳产品消费行为的影响机制研究［D］．武汉：中国地质大学，2014.

②刘鹤、范莉莉．碳标签产品“溢价”支付意愿及其影响因素研究［J］．价格理论与实践，2018（5）：123－126.

四、碳足迹数据收集

定制商品涉及碳足迹环节较多，数据信息涵盖面广，但数据信息主要依靠商品生产厂家进行收集。生产厂家负责收集每种商品根据表 2－24 所要求的相关数据信息，将所有定制商品碳足迹数据信息表汇总后，整理和归纳成表 2－25 为后续碳足迹核算做数据准备。

表 2－24　定制商品各环节化石燃料产生与电能隐含碳足迹数据信息表

定制商品名称：
生产商名称：
生产商地址：

批号：　　数量：
生产日期：

环节	本批次化石燃料品种/消耗量（t，万 Nm^3）	本批次电力消耗量（MWh）
生产原料开采		
开采地到初级加工地的运输		
加工、生产		
生产厂家到指定地点的运输		
共计		

表 2－25　会展活动定制商品碳足迹数据信息汇总表

商品	数量	批号	化石燃料种类	化石燃料消耗量（t，万 Nm^3）	电网区域	电力消耗量（MWh）
1. ××						
2. ××						
……						

通过表 2－24 和表 2－25 所收集数据信息具有以下特点：

- 数据收集实操性★，目前我国很少有企业对产品各环节的能耗进行独立监控和核算，导致实际操作过程中各环节数据信息无法获取；
- 数据信息准确性★，由于此类数据通常不纳入企业日常统计和分析，所以在填写表中的内容时往往按照填表人的实际经验进行估算，准确性较低；

- 数据收集性价比★，数据信息无法直接获取，需以人工方式对所有信息进行汇总。

五、碳足迹报告内容

数据信息通过表2－25收集汇总后，制成表2－26和表2－27。会展活动主办方可以参考表2－26和表2－27所罗列的关键数据信息制定符合自身特点的定制商品碳足迹数据汇总表。在表2－26和表2－27的基础上，最终将所有碳足迹量汇总成总表（以表2－28参考），作为会展活动最终碳中和报告的汇报内容之一。

表2－26　定制商品采购的化石燃料碳足迹数据表

化石燃料种类	活动水平		足迹因子		碳足迹量（tCO_2）
	消耗量（t，万 Nm^3）	低位发热量（GJ/t，GJ/万 Nm^3）	单位热值含碳量（tC/GJ）	燃料碳氧化率（%）	
1					
2					
……					
化石燃料燃烧产生的碳足迹量（tCO_2）					

表2－27　定制商品采购的电力隐含碳足迹量数据表

电网区域	电消耗量（MWh）	碳排放因子（tCO_2/MWh）	碳足迹量（tCO_2）
1			
2			
……			
电力隐含二氧化碳足迹量（tCO_2）			

表 2-28 会展活动主办方定制商品采购碳足迹量报告

会展活动名称：

会展活动时间：

化石燃料燃烧碳足迹量（tCO_2）	
电力隐含碳足迹量（tCO_2）	
会展活动主办方定制商品采购碳足迹总量（tCO_2）	

六、定制商品采购碳减排

发达国家会展活动倾向于将采购与现场电耗和能耗、展前基础设施建设、垃圾分类回收和循环利用等各项作为一个整体进行统一规划和安排，既节约成本开支，又减少展后垃圾产生。在对会展活动进行整体规划时，首先需要对会展场馆现状进行评估。会展场地设施缺乏，地理位置偏僻，则主办方需要采购更多物资，承担更多运输任务，从而产生更多碳足迹。除此之外，在进行采购或者选择承包方的时候，以下是常见的几种节能减排方法：

- 鼓励设备资源以租赁代替购买；
- 选择可持续发展技术的运输公司；
- 大型设备的运输鼓励使用数量少、装载量大的车辆来代替数量多、装载量小的车辆；
- 关注相关产品的来源地，比如是否是进口产品，如果物资具有可代替性，鼓励就地购买。

加拿大 Hillside Festival 活动的主办方用租赁代替购买的方式，提供可重复使用的盘子、杯子、餐具等就餐用品给 5000 名活动参与者，并联合一家叫“Dish Ninjas”的服务机构，为活动提供餐具的收集和洗涤服务，大大减少了采购成本，并减少活动期间的垃圾产生量。

在我国，越来越多的会展活动主办方采用数字化和电子化订票方式、电子宣传册/数字海报等宣传方式，或采用环保、可降解材料代替传统的塑料等展台布置方式进行节能减排。北京 2022 年冬奥会的规划中，在采购方面主要采取两大方面的措施：第一，加强低碳建筑材料的采购。在新建和现有场馆的改造中，优先采购国家和地方低碳产品认证目录中的产品或具有节能标识的低碳材料；在确保建筑耐久性、安全性的前提下，优先采购可再生、可循环利用材料或以废弃物为原料生产的建筑材料。第二，积极推行低碳办公。冬奥组委各部门充分利用信息系统进行日常办公及信息传递，倡导采用诸如电子化文档、办公双面用纸、减少纸张和墨盒硒鼓等办公用品消耗量、使用视频会议等方式方法。

产业聚焦

林木产品替代研究的发展

林木产品替代（Wood substitution）是指用林木质材料代替温室气体密集型材料从而达到节能减排的效果。林木产品替代理论研究的历史可以追溯到 20 世纪 70 年代中期，Boyd 等人（1976）对林木质材料和其他材料在建筑领域的能耗量进行对比[①]。进入 20 世纪 90 年代，随着气候变化研究的兴起，碳足迹相关研究逐渐增多，主要以全生命周期碳足迹核算模型为基础研究工具，对不同行业中林木产品与其他材料的碳足迹量进行量化对比分析。Koch（1992）利用 Boyd 等人研究的数据基础，调查木质材料和钢筋、铝制、混凝土、塑料以及砖材等建筑材料的碳足迹对比[②]。Jonsson 等人（1997）从整个生产流程和相关环境影响评估两个方面研究了实木地板、油地毡和 PVC 地板材料之间的数据对比，发现实木地板综合能耗最低[③]。Buchanan 等人（1999）通过对比在新西兰各类型建筑当中林木质材料和其他建筑材料生命周期二氧化碳足迹总量后发现林木质材料优势明显[④]。Borjesson 和 Gustavsson（2000）对木质材料和混凝土在房屋建筑结构的应用案例进行生命周期碳排量的对比，认为林木材料在减排方面的优势明显[⑤]。Sedjo（2002）对美国公共设施中的供电电线杆做了全生命周期（包括原材料采集、运输、生产、安装、维护、移除和最后固废处理）调研和归纳，发现用原木代替钢材料可以减少全国2.8%二氧化碳足迹总量[⑥]。Gustavsson 等人（2006）分别对比两幢在瑞典和芬兰的木质结构和混凝土结构建筑的全生命周期碳足迹值，核算全生命周期各个环节（运输环节除外）、森林碳储存变化、材料本身碳储存变化三大方面，结果显示木质材料在碳足迹方面优势明显[⑦]。

我国在林木材料碳替代领域研究发展起步较晚，主要集中在建筑领域。白彦锋等（2009）核算出按照 1994 年我国房屋建筑施工面积 78032.2 万平方米为基准，木结构、钢筋混凝土结构和钢筋预制板结构相比，木结构在二氧化碳足迹上分别要比钢筋混凝土和钢筋预制板减少 350Mt 和 201Mt。而迅速发展十年以后，在房地产市场建筑施工面积迅速扩大的背景下，木结构在二氧化碳足迹上分别要比钢筋混凝土和钢筋预制板减少 1309Mt 和 752Mt[⑧]。杨玉盛等（2015）在参考台湾林业碳汇研究基础上，得出以 136m^2 建筑面积作为衡量标准，木质构造建筑材料替代一般建筑材料可使二氧化碳减少 84.5t[⑨]。

参考文献：

①BOYD C W，KOCH P，McKEAN H B，et al. Wood for structural and architectural purpose［J］. Wood and Fiber. 1976，（1）：1－72.

②KOCH P. Wood versus nonwood materials in U. S. residential construction：Some energy-related global implications［J］. Forest Products Journal. 1992，42（5）：31－42.

③JONSSON A，TILLMAN A M，SVENSSON T. Life cycle assessment of flooring materials：case study［J］. Building and Environment. 1997，32（3）：245－255.

④BUCHANAN A H，LEVINE S B. Wood-based building materials and atmospheric carbon emissions［J］. Environmental Science and Policy. 1999，2（6）：427－437.

⑤BORJESSON P，GUSTAVSSON L. Greenhouse gas balances in building construction：wood versus concrete from life-cycle and forest land-use perspectives［J］.

Energy Policy. 2000, 28: 575 – 588.

⑥SEDJO R A. Wood material used as a means to reduce greenhouse gases (GHGs): an examination of wooden utility poles [J]. Mitigation and Adaptation Strategies for Global Change. 2002, 7 (2): 191 – 200.

⑦GUSTAVSSON L, SATHRE R. Variability in energy and carbon dioxide balances of wood and concrete building materials [J]. Building and Environment. 2006, 41 (7): 940 – 951.

⑧白彦锋，姜春前，张守攻．中国木质林产品碳储量及其减排潜力 [J]. 生态学报，2009，29 (1): 399 – 405.

⑨杨玉盛，陈光水，谢锦升，等．中国森林碳汇经营策略探讨 [J]. 森林与环境学报，2015，35 (4): 297 – 303.

第七节　酒店住宿与餐饮

一、酒店住宿与餐饮碳足迹

本章节主要阐述如何对酒店住宿和餐饮项目进行项目确定、数据收集、碳足迹核算、碳足迹汇报和碳减排实施。酒店住宿和餐饮是会展活动重要的碳足迹项目之一，2010 年上海世博会期间酒店住宿和餐饮项目的碳足迹共计 91 万吨，占碳足迹总量的 18.5%，是仅次于国际航空碳足迹占比（45.1%）的第二大碳足迹项目（UNEP, 2012）。同样，2018 年世界杯足球赛的酒店住宿和餐饮碳足迹占总量的 16.6%，仅次于交通出行碳足迹（73.8%），虽然占比不高，但也达到 36 万吨（FIFA，2018）。

通常，对会展活动相关住宿和餐饮项目进行判定的标准①为：

- 在会展活动的全生命周期核算期内；

① 无统一标准，主办方按照各自标准进行估算，但需要注明判定标准及其理由。

- 与会展活动工作相关的酒店（含住宿和餐饮）开支项目。

本章节的碳足迹项目不包括以下项目①：

- 会展活动主办方在酒店以外的餐饮；
- 非会展活动主办方的酒店住宿与餐饮。

由于会展活动主办方在酒店以外的餐饮项目随机性较强，对于整个会展活动的碳足迹总量而言，核算其碳足迹意义较小，数据采集具有不确定性和复杂性，故不纳入核算范围。同样，非会展活动主办方（如观众、参展商等）的行程安排和规划亦具有较强随机性且数据信息获取难度高，比如，何时何地住宿就餐，临时性改变住宿就餐规划等行为；或者无法判断其住宿与餐饮活动是否与会展活动相关，比如，在会展活动举办期间去其他城市进行旅游和消费等与会展活动不相关的活动，故涉及此部分活动所产生的碳足迹不纳入会展活动碳足迹项目中。

核算方在条件允许的情况下亦可通过抽样调查或者问卷调查等方法对大型会展活动中的非会展活动主办方酒店住宿与餐饮进行科学合理的估算，但需要在报告中明确数据采集方法、核算方法等相关详情。

报告主体进行碳足迹核算和报告的完整工作流程主要包括：

①确定核算边界；

②识别排放源；

③建立核算模型；

④收集活动水平数据，选择和获取排放因子数据；

⑤核算并报告碳足迹；

⑥制订未来碳减排措施和规划（可选择）。

二、碳足迹核算边界

酒店（含住宿与餐饮）碳足迹总量的核算边界分为三类，分

① 如主办方因某些原因需要对其进行估算，须注明估算方法、数据来源等内容。

别为：

第一类：直接足迹。由酒店所拥有或控制的固定足迹源所产生的碳足迹，比如锅炉、炉灶等；

第二类：能源间接足迹。酒店能源消耗的间接足迹，比如外购电力、热能或者蒸汽所产生的碳足迹；

第三类：其他间接足迹。酒店其他相关活动所产生的碳足迹，比如采购的设备和物品间接碳足迹、供应商活动所产生的碳足迹或者其他商务活动所产生的碳足迹等。

酒店住宿方面涉及餐饮服务碳足迹核算部分的主要参考文献为《饭店业碳足迹管理规范 Hotel Industry Greenhouse Gas Emission Standard SB/T 11042—2013》。

三、碳足迹核算模型

本章节采用国际性大型会展活动（如奥运会、世界杯等）在住宿方面碳足迹估算方法，即先核算入住酒店每人每天平均碳足迹量，再根据会展活动主办方的人数和住宿天数估算出住宿与餐饮碳足迹总量。该方法能有效区分会展活动主办方人员与酒店其他消费群体在住宿与餐饮方面所产生的碳足迹。

（一）酒店住宿与餐饮碳足迹总量

核算和报告期内会展活动主办方在酒店住宿与餐饮项目中碳足迹量的估算公式为：

$$E_{住宿} = \sum_{i}^{I} e_i d_i p_i \tag{2-52}$$

公式（2-52）中：

$E_{住宿}$ 为核算和报告期内酒店住宿与餐饮项目所产生的碳足迹总量，单位为吨 CO_2 当量（tCO_{2e}）；

I 为核算和报告期内为会展活动提供酒店住宿服务共有 I 个数量

酒店；

e_i 为核算和报告期内为会展活动提供酒店服务的第 i 个酒店所对应的每人每天平均碳足迹量，单位为吨 CO_2 当量每人每晚（tCO_{2e}/person/night）；

d_i 为核算和报告期内会展活动主办方在第 i 家酒店的人员住宿天数；

p_i 为核算和报告期内会展活动主办方在第 i 家酒店的人员人数。

（二）每人每天平均碳足迹量

1. 每人每天平均碳足迹量

核算和报告期内为会展活动提供酒店服务的第 i 个酒店所对应的每人每天平均碳足迹量 e_i 核算公式为：

$$e_i = \frac{E_i}{D_i P_i} \tag{2-53}$$

公式（2－53）中：

E_i 为核算和报告期内为会展活动提供酒店服务的第 i 个酒店年度碳足迹总量，单位为吨 CO_2 当量/年（tCO_{2e}/annual）；

D_i 为核算和报告期内第 i 家酒店年度营业总天数；

P_i 为核算和报告期内第 i 家酒店年度接待住宿人数总量。

2. 酒店年度碳足迹总量

核算和报告期内为会展活动提供酒店服务的第 i 个酒店年度碳足迹总量 E_i 核算公式为：

$$E_i = \sum_j^J E_{i,j} + E_{i,\text{电耗}} \tag{2-54}$$

公式（2－54）中：

J 为核算和报告期内为会展活动提供酒店住宿服务的第 i 家酒店共有 J 种化石燃料种类，化石燃料种类包括固定源燃料（如柴油、液化石油气、天然气等）、移动源燃料（如车用汽油、车用柴油等）、外购热水隐含标准煤、外购暖气隐含标准煤等；

$E_{i,j}$ 为核算和报告期内为会展活动提供酒店服务的第 i 个酒店第 j 种化石燃料碳足迹量；

$E_{i,电耗}$ 为核算和报告期内为会展活动提供酒店服务的第 i 个酒店的电耗隐含碳足迹量。

3. 化石燃料碳足迹

核算和报告期内为会展活动提供酒店服务的第 i 个酒店第 j 种化石燃料碳足迹量 $E_{i,j}$ 核算公式为：

$$E_{i,j} = AD_{i,j} \times EF_{i,j} \tag{2-55}$$

公式（2－55）中：

$AD_{i,j}$ 为核算和报告期内为会展活动提供酒店服务的第 i 个酒店第 j 种化石燃料的活动水平，单位为吉焦（GJ）；

$EF_{i,j}$ 为核算和报告期内为会展活动提供酒店服务的第 i 个酒店第 j 种化石燃料的碳排放因子，单位为吨 CO_2 当量/吉焦（tCO_{2e}/GJ）。

4. 化石燃料活动水平

核算和报告期内为会展活动提供酒店服务的第 i 个酒店第 j 种化石燃料活动水平 $AD_{i,j}$ 核算公式为：

$$AD_{i,j} = NCV_{i,j} \times FC_{i,j} \tag{2-56}$$

公式（2－56）中：

$NCV_{i,j}$ 是核算和报告期内为会展活动提供酒店服务的第 i 个酒店第 j 种化石燃料的平均低位发热量，对液体燃料，单位为吉焦/吨（GJ/t）；对气体燃料，单位为吉焦/万立方米（$GJ/10^4Nm^3$），取值参考附录一：常见化石燃料特性参数缺省值；

$FC_{i,j}$ 是核算和报告期内为会展活动提供酒店服务的第 i 个酒店第 j 种化石燃料的消费量，对液体燃料，单位为吨（t）；对气体燃料，单位为万立方米（10^4Nm^3），取值以酒店提供数据为准。

5. 碳排放因子

核算和报告期内第 i 个酒店第 j 种化石燃料碳排放因子 $EF_{i,j}$ 核算公式为：

$$EF_{i,j} = CC_{i,j} \times OF_{i,j} \times \frac{44}{12} \qquad (2-57)$$

公式（2－57）中：

$CC_{i,j}$ 是核算和报告期内第 i 个酒店第 j 种化石燃料的单位热值含碳量，单位为吨碳/吉焦（tC/GJ），取值参考附录一：常见化石燃料特性参数缺省值；

$OF_{i,j}$ 是核算和报告期内第 i 个酒店第 j 种化石燃料的碳氧化率，以%表示，取值参考附录一：常见化石燃料特性参数缺省值；

$\frac{44}{12}$ 为二氧化碳与碳的分子量之比。

（三）电力隐含碳足迹

核算和报告期内第 i 个酒店会展活动主办方净购入电力所产生的碳足迹量 $E_{i,电耗}$ 核算公式为：

$$E_{i,电耗} = FC_s \times EF_s \qquad (2-58)$$

公式（2－58）中：

s 表示第 i 个酒店所在城市的第 s 区域，区域确定参考附录三：2019 年度六大区域电网 OM 排放因子参考表；

FC_s 为核算和报告期内第 i 个酒店在第 s 区域的净购入电量，单位为兆瓦时（MWh），净购入电量以酒店提供数据为准；

EF_s 为第 s 区域电网供电平均二氧化碳排放因子，单位为吨二氧化碳/兆瓦时（tCO_{2e}/MWh），碳排放因子数据选用国家主管部门公布的最近年份相应区域电网平均 CO_2 足迹因子进行核算。

四、碳足迹数据收集

表 2－29 为酒店碳足迹数据信息表，由酒店方面进行整理和填写。假如会展活动涉及多个酒店，则每个酒店均需要填写。通过统计上年度各类能耗净购入量可估算出该酒店年度总碳足迹量，再根据年

度总接待人数以及总营业天数，核算出每人每天的平均碳足迹量。数据信息通过表 2－29 收集汇总后，根据第三部分核算公式估算碳足迹总量制成表 2－30，为后续的碳足迹核算做准备。

表 2－29　　酒店碳足迹数据信息表

酒店名称：
酒店地址：
填表时间：
填表人：　　　　部门：
上年度总接待人数：　　　　上年度总营业天数：

碳足迹源种类	能耗种类	上年度净购入数量
化石燃料	汽油	
	柴油	
	天然气	
	……	
电力隐含	电力	

表 2－30　　会展活动主办方酒店住宿与餐饮碳足迹核算汇总表

<table>
<tr><td rowspan="11">酒店××</td><td rowspan="2">化石燃料类型</td><td colspan="2">活动水平</td><td colspan="2">足迹因子</td><td rowspan="2">碳足迹量（tCO_{2e}）</td></tr>
<tr><td>消耗量（t，万 Nm^3）</td><td>低位发热量（GJ/t，GJ/Nm^3）</td><td>单位热值含碳量（tC/GJ）</td><td>燃料碳氧化率（%）</td></tr>
<tr><td>1</td><td></td><td></td><td></td><td></td><td></td></tr>
<tr><td>2</td><td></td><td></td><td></td><td></td><td></td></tr>
<tr><td>……</td><td></td><td></td><td></td><td></td><td></td></tr>
<tr><td colspan="5">化石燃料燃烧产生的碳足迹量（tCO_{2e}）</td><td></td></tr>
<tr><td>电力</td><td colspan="2">电消耗量（MWh）</td><td>电网区域</td><td>碳排放因子（tCO_2/MWh）</td><td>碳足迹量（tCO_{2e}）</td></tr>
<tr><td>1</td><td colspan="2"></td><td></td><td></td><td></td></tr>
<tr><td colspan="5">电力隐含二氧化碳足迹量（tCO_{2e}）</td><td></td></tr>
</table>

续表

<table>
<tr><td rowspan="12">酒店××</td><td rowspan="2">化石燃料类型</td><td colspan="2">活动水平</td><td colspan="2">足迹因子</td><td rowspan="2">碳足迹量（tCO_{2e}）</td></tr>
<tr><td>消耗量（t，万 Nm^3）</td><td>低位发热量（GJ/t，GJ/Nm^3）</td><td>单位热值含碳量（tC/GJ）</td><td>燃料碳氧化率（%）</td></tr>
<tr><td>1</td><td></td><td></td><td></td><td></td><td></td></tr>
<tr><td>2</td><td></td><td></td><td></td><td></td><td></td></tr>
<tr><td>……</td><td></td><td></td><td></td><td></td><td></td></tr>
<tr><td colspan="5">化石燃料燃烧产生的碳足迹量（tCO_{2e}）</td><td></td></tr>
<tr><td>电力</td><td colspan="2">电消耗量（MWh）</td><td>电网区域</td><td>碳排放因子（tCO_2/MWh）</td><td>碳足迹量（tCO_{2e}）</td></tr>
<tr><td>1</td><td colspan="2"></td><td></td><td></td><td></td></tr>
<tr><td colspan="5">电力隐含二氧化碳足迹量（tCO_{2e}）</td><td></td></tr>
<tr><td colspan="7">……</td></tr>
</table>

通过表 2－29 的方式收集数据信息具有以下特点：

• 数据收集实操性★★★，由于酒店每年的年度财务结算均涉及表 2－29 各项数据，数据收集难度低；

• 数据信息准确性★★★，酒店接待总人数（包括营业天数）数据来源于酒店前台登记的档案记录，根据相关治安条例和法规入住人员需要强制性提供，故数据准确性高。各种化石燃料以及电力净购入量数据来源于酒店年度财务报表中对相关开支进行整理归纳后获得，净购入量由酒店所在地的供电、供热、供能等企业提供，数据准确性高；

• 数据收集性价比★★★，酒店现有数据档案中可直接提取，无须其他成本开支。

五、碳足迹报告内容

在表 2－29 和表 2－30 的数据进行整理和汇总基础上制成表 2－31。在表 2－31 基础上，所有碳足迹量汇总成总表（以表 2－33 为参考），作为会展活动最终碳中和报告的汇报内容之一。

表 2－31　　会展活动酒店住宿与餐饮碳足迹核算表

	数据信息	酒店 1	酒店 2	酒店 3	……
××年度[3]	接待总人数/营业总天数[1]				
	年度化石燃料碳足迹总量				
	年度化石燃料碳足迹量/人/晚				
	年度电耗隐含碳足迹总量				
	年度电耗隐含碳足迹量/人/晚				
本次会展活动	酒店入住人数/入住天数[2]				
	会展活动化石燃料碳足迹量				
	会展活动电耗隐含碳足迹量				

注："1"表示数据来源：表 7－1；"2"表示如会展活动有 2 人 1 天、3 人 2 天等不同入住时间等情况发生按照 2/1、3/2 等数据信息填写；"3"表示指会展活动核算和报告期的上一年度。

假如由于某种原因而导致表 2－31 数据无法获取，则在核算中可参考国际奥委会在酒店住宿与餐饮碳足迹核算方面所使用的相关参数进行估算（见表 2－32）。表 2－32 是国际奥委会在 2018 年制定的碳足迹方法中根据相关统计和其他参考资料整理和归纳得出的数据，具有一定代表性。但同时其核算方法与相关参数的选择与我国在碳足迹核算方面具有一定的差异，需要在核算报告中对其进行标注和解释，避免发生误导。

表 2－32　　国际奥委会住宿核算参考数据

	四、五星级酒店数值/人/晚	二、三星级酒店数值/人/晚	经济型快捷酒店数值/人/晚	数据参考来源
电力消耗	30 kWh	20 kWh	10 kWh	IOC（2018）
热水能耗	10 MJ	7 MJ	3.5 MJ	IOC（2018）
垃圾产生	1.5 kg	1 kg	0.5 kg	IOC（2018）
早餐碳足迹	2.33 $kgCO_2$	0.84 $kgCO_2$	0.84 $kgCO_2$	WFLDB[1]

注："1"表示数据来源：World Food LCA Database（https：//quantis-intl.com/tools/databases/wfldb-food/）。

表 2-33　　会展活动主办方酒店住宿与餐饮碳足迹量报告

会展活动名称：
会展活动时间：

化石燃料燃烧碳足迹量（tCO_2）	
电力隐含碳足迹量（tCO_2）	
会展活动主办方酒店住宿与餐饮碳足迹总量（tCO_2）	

六、酒店住宿与餐饮碳减排

（一）规划型碳减排

酒店住宿与餐饮规划型碳减排主要依靠酒店调整自身节能减排的管理制度以及新措施实施，比如：

- 安装能源监控、管理等系统；
- 设定节能减排管理制度，如当酒店入住率较低时，可将客房集中安排到酒店的某几层，将不使用的宴会厅以及其他地方的灯、空调系统关掉，装满衣物后开动洗衣机、干燥机等；
- 设定节能减排设备维护制度，如定期清洗冰箱的盘管以及空调过滤网，使电器更有效率地运作，定期检查以及维修冷藏食物用的冻柜或者冷房（比如定期融雪）；根据所需要的负荷来操作制冷器、锅炉、水泵以及冷却塔设备等；
- 定期监察、记录和分析耗电量以及用水量。
- 安装余热回收再利用设备，如在洗碗机安装热能回收系统用于回收过水过程中的热量，装设余热回收洗衣系统，安装热泵在抽气扇和送风机安装制冷器按序控制以及可变速驱动器等。

上述酒店节能减排措施和规划是由行业协会自发组织、相关政府机关指导推广或者酒店管理层自行开展和落实，会展活动主办方亦可通过与酒店方面合作，对会展活动入住的相关人员通过推行低碳积分计划等方式进行间接宣传和推广。

（二）替代型碳减排

酒店住宿与餐饮替代型碳减排是通过酒店自身对软硬件如产品、装置、设备、系统等的升级换代来达到节能减排效果。比如：

- 照明设备升级，如将卤素灯更换为节能灯或者LED灯，可在客房、公共场所、办公室、户外等地方使用节能光管以及电子镇流器以取代传统灯泡，安装感应型电灯控制器等；
- 空调设备升级，如在所有客房内使用节能的空调系统，对中央空调系统进行移动供热改造等；
- 厨房设备升级，如为抽油烟系统安装控制装置（当厨房关闭时，系统自动关闭），使用高效能炉具，改进炉灶燃烧装置实现感应控制等。

扩展阅读

绿色酒店

上海旅游局在1999年启动“绿色酒店”项目。项目之初鼓励各大酒店达标ISO 14001。2006年，中国政府发布了《绿色酒店标准（LB/T007—2006）》后，上海旅游局以此项标准对酒店进行“绿色认证”。

20世纪90年代中期，国外“绿色饭店”的理念传入我国，在北京、上海、广州等一些大城市的外资、合资饭店和一些由国外管理集团管理的饭店中实施“绿色行动”，也有一些其他酒店自发开展了活动。1999年，浙江省在全省范围内开展创建“绿色饭店”活动。这是国内首次在省级区域内开展的“绿色饭店”创建活动。此后，深圳、广西、四川、河北、山东等一些省市相继开展“绿色饭店”创建活动。“绿色饭店”的建设给饭店也带来了经济效益。

随着“绿色酒店”概念的持续推广和节能减排政策的陆续出台，从“绿色酒店”的概念中延伸出“低碳酒店”。“低碳酒店”是将节能减排的理念植入酒店的经营之中，使酒店在实施节能减排措施的同时，大众也能享受到酒店的优质服务。中国首家“碳中性”酒店Urbn位于上海胶州路，是由原胶州路的邮局（前身为一处工厂的旧仓库）改造而成。装修的材料取自上海各地以及苏州等地拆迁老房子时的材料，其他的建材，如地板、砖瓦、衣柜、电视柜、灯具等均由旧家具改造而成，不但符合主人的怀旧风格，更能传达主人的环保理念。空调系统使用的是水冷式系统，由上海市市政供水系统供水，在完成降温作用后重新回到公共供水系统中，减少水资源的浪费。地暖系统采用智能化管理，温度低于22度开启，其他时间则暂停工作，节省电力。酒店在设计之初就根据地理位置和环境情况进行采光设计，以至于酒店在日常经营期间，在下午5点之前无须开启照明设备，5点至凌晨2点之间只需走廊照明。据酒店提供的数据估算，Urbn酒店一年可以减少139吨二氧化碳排放①。酒店还能根据游客的旅行情况核算出游客的旅行碳足迹量，可通过碳汇林的方式进行抵消。同时酒店对自身的年度碳足迹量进行核算后，通过自愿减排方式（VERs）进行抵消。

参考文献：

①URBN hotel：中国第一家碳中和酒店的生存方式［EB/OL］.（2010－12－13）［2021－07－16］. https：//m. hexun. com/news/2010－12－13/126157493. html.

第八节　展前基础设施建设

一、核算对象和项目

本章节主要阐述如何在展前基础设施建设方面进行项目确定、数据收集、碳足迹核算、碳足迹汇报和碳减排实施。与普通会展活动相比，奥运会、世界杯足球赛、世博会等国际性大型会展活动因涉及大量展前基础设施建设，往往在会展活动正式启动之前几年开始筹划和准备。基础设施建设需要投入大量人力、物力和财力，在实施过程中因消耗大量的建材资源与能源，往往产生巨大碳排放，在国际性大型会展活动碳足迹核算中不可忽视。2010 年上海世博会在场馆建设（包括永久性和临时性）方面虽然碳足迹仅占总量的 4.1%，但从绝对数量上来看超过 20 万吨（UNEP，2012）。同样 2018 年世界杯足球赛，虽然临时场馆以及其他相关基础设施建设的碳足迹仅占总量的 4%，但绝对总量也达到 8.6 万吨（FIFA，2018）。

目前国际上对展前场馆基础设施建设碳足迹核算并没有统一的标准，各个组织机构按照符合自身特点的核算方法实施。世界博览会组委会虽然没有自己的场馆基建碳足迹核算体系，但每一届主办方都根据自身特点，结合国际性碳足迹核算指南、行为准则、行业标准等内容对展前场馆建设进行核算。比如，2010 年上海世博会在场馆基建碳足迹核算方面参考《IPCC 2006 Guidelines》《GHG Protocol Project Accounting》《The Department of Environment, Food and Rural Affairs (UK)》等资料，而 2020 年迪拜世博会组委会在 2020 迪拜世博会（目前因为疫情原因向后推迟）可持续发展规划中提到，迪拜世博会在场馆基建碳足迹核算方面参考的国际准则，除了《GHG Protocol Project Accounting》《GHG Protocol Corporate Accounting》等 GHG Protocol 系列以外，还有诸如《Product Life Cycle Accounting and Reporting Standard》和《Infrastructure Protocols: PAS 2080 and RICS》等资料。IOC 在 2018 年 12 月出台的《奥运会碳足迹核算方法》中正式将永久性场馆基建碳足迹纳入奥运会碳足迹总量核算范围内并提供详细的核算方法和相关参数来源。

展前基础设施建设的碳足迹核算边界判定原则是以会展活动主办方官方宣布的基建规划中最终实施的数量为准，展前基础设施建设通常包括以下范围：

- 永久性场馆；

• 临时性搭建或者改造的场馆；

• 相关配套设施，如展馆、公寓、训练馆、办公室、媒体中心、仓库等；

• 相关交通出行配套设施。

在对展前基建进行碳足迹核算时需要特别注意，相关交通出行配套设施在很多案例中属于“灰色地带”，其判定原则以该交通出行配套设施项目的建设目的为标准。如果一个交通出行配套设施项目的建设目的是方便当地以及周边社区交通出行，虽然可能对会展活动有直接或者间接作用，但不纳入本章节展前基建碳足迹核算范围。同样，在会展活动项目出现之前已纳入举办城市的市政规划项目，如地铁、高架和绕城高速等，亦不纳入本章节碳足迹核算范围。

报告主体进行碳足迹核算和报告的完整工作流程主要包括：

①确定核算边界；

②识别排放源；

③建立核算模型；

④收集活动水平数据，选择和获取排放因子数据；

⑤核算并报告碳足迹；

⑥制订未来碳减排措施和规划（可选择）。

二、碳足迹核算边界

会展活动展前基建碳足迹核算边界包括以下两个方面：

• 基础设施在建造过程中实际消耗的原材料在原材料开采、运输、生产制造、物流环节所产生的碳足迹；

• 基础设施在建造过程中所消耗化石燃料产生的碳足迹和消耗电力隐含的碳足迹。

本章节的碳足迹核算边界不包括：

• 建筑垃圾的处理（包括建筑垃圾运输环节和处理环节）（详见

第二章第十节）。

本章节涉及的交通出行碳足迹核算主要参考文献包括：

- 《建筑碳排放计算标准 Standard for building carbon emission calculation GB/T 51366—2019》；
- 《省级温室气体清单指南（试行）》。

三、碳足迹核算模型

（一）碳足迹总量核算

核算和报告期内会展活动展前基础设施建设碳足迹总量核算公式为：

$$E_{基建} = \sum_{i}^{I} (E_{i,原料} + E_{i,建造}) \quad (2-59)$$

公式（2－59）中：

$E_{基建}$ 为核算和报告期内会展活动展前碳足迹总量，单位为吨 CO_2 当量（tCO_{2e}）；

I 为核算和报告期内会展活动基础设施共有 I 个项目；

$E_{i,原料}$ 为核算和报告期内会展活动第 i 个基建项目实际消耗的原材料在其开采、运输、加工生产和物流等环节所产生的碳足迹，单位为吨 CO_2 当量（tCO_{2e}）；

$E_{i,建造}$ 为核算和报告期内会展活动第 i 个基建项目在建造过程中产生的碳足迹，单位为吨 CO_2 当量（tCO_{2e}）。

（二）建筑原料碳足迹量

1. 建筑原料碳足迹总量

会展活动第 i 个基建项目实际消耗原材料在其开采、运输、加工生产和物流等环节所产生的碳足迹 $E_{i,原料}$ 核算公式为：

$$E_{i,原料} = \sum_{j}^{J} (E_{i,开采,j} + E_{i,运输,j} + E_{i,加工生产,j} + E_{i,物流,j}) \quad (2-60)$$

公式（2-60）中：

J 为核算和报告期内会展活动展前第 i 个基础设施项目共需要 J 种原料；

$E_{i,开采,j}$ 为核算和报告期内会展活动展前第 i 个基建项目实际消耗第 j 种原料在其开采环节所产生的碳足迹，单位为吨 CO_2 当量（tCO_{2e}）；

$E_{i,运输,j}$ 为核算和报告期内会展活动展前第 i 个基建项目实际消耗第 j 种原料在其运输环节所产生的碳足迹，单位为吨 CO_2 当量（tCO_{2e}）；

$E_{i,加工生产,j}$ 为核算和报告期内会展活动展前第 i 个基建项目实际消耗第 j 种原料在其加工生产环节所产生的碳足迹，单位为吨 CO_2 当量（tCO_{2e}）；

$E_{i,物流,j}$ 为核算和报告期内会展活动展前第 i 个基建项目实际消耗第 j 种原料在物流环节所产生的碳足迹，单位为吨 CO_2 当量（tCO_{2e}）。

2. 原材料过程阶段碳足迹

我国《建筑碳排放计算标准》将 $E_{i,开采}$、$E_{i,运输}$ 和 $E_{i,加工生产}$ 三个阶段进行合并，统一按照过程阶段进行碳足迹核算，即：

$$\sum_{j}^{J}(E_{i,开采,j} + E_{i,运输,j} + E_{i,加工生产,j}) = \sum_{j}^{J} E_{i,过程,j} = \sum_{j}^{J}(FC_{i,过程,j} \times ef_{i,过程,j}) \tag{2-61}$$

公式（2-61）中：

$E_{i,过程,j}$ 为核算和报告期内会展活动展前第 i 个基建项目实际消耗第 j 种原材料在其开采、运输以及生产加工环节所产生的碳足迹；

$FC_{i,过程,j}$ 是核算和报告期内第 i 个基建项目第 j 种原材料在其开采、运输以及生产加工环节的净购入量，单位为吨（t）或立方米（m^3），净购入量取值以原材料开采商所提供的销售数据信息为准；

$ef_{i,j}$ 为核算和报告期内第 i 个基建项目第 j 种类型原材料在其开采、运输以及生产加工环节的综合单位碳排放因子，单位为吨 CO_2 当量/吨（tCO_{2e}/t）或吨 CO_2 当量/立方（tCO_{2e}/m^3），取值参考《附件五：建筑材料单位碳排放因子》。

3. 原材料物流环节碳足迹

核算和报告期内第 i 个基建项目第 j 种原材料从加工生产厂家到会展活动主办方指定放置地点的运输环节所产生的碳足迹 $E_{i,物流,j}$ 核算公式为：

$$\sum_{j}^{J} E_{i,物流,j} = \sum_{j}^{J} (FC_{i,物流,j} \times D_{i,物流,j} \times ef_{i,物流,j}) \qquad (2-62)$$

公式（2-62）中：

$FC_{i,物流,j}$ 为核算和报告期内会展活动展前第 i 个基建项目实际消耗第 j 种原材料的实际消耗量，以施工单位提供的数据信息为准，单位为吨（t）①；

$D_{i,物流,j}$ 为核算和报告期内会展活动展前第 i 个基建项目实际消耗第 j 种原材料从生产厂家到施工现场的平均运输距离，单位为千米（km），以施工单位提供的实际运输距离为准；

$ef_{i,物流,j}$ 为核算和报告期内会展活动展前第 i 个基建项目实际消耗第 j 种原材料单位重量运输距离的碳排放因子，单位为吨 CO_2 当量/吨·千米（$tCO_{2e}/t \cdot km$），取值参考《附件四：各类运输方式的碳排放因子》。

（三）基础设施建造碳足迹

1. 基础设施建造碳足迹总量

核算和报告期内会展活动场馆在第 i 个基建项目建造过程中产生的碳足迹 $E_{i,建造}$ 核算公式为：

$$E_{i,建造} = \sum_{w}^{W} E_{i,w} \times EF_{i,w} \qquad (2-63)$$

---

① 按照立方米计算的产品则需生产商换算成吨。

公式（2-63）中：

W 表示核算和报告期内会展活动展前基建建筑过程中所使用的能源共有 W 种类型；

$E_{i,w}$ 为核算和报告期内第 i 个基建项目第 w 种能耗总量，单位为千瓦时或者千克（kWh 或者 kg）；

$EF_{i,w}$ 为核算和报告期内第 i 个基建项目第 w 种能源碳排放因子，单位为吨 CO_2 当量/千瓦时（tCO_{2e}/kWh）或吨 CO_2 当量/千克（tCO_{2e}/kg），取值参考《附件一：常见化石燃料特性参数缺省值》。

2. 基建能耗碳足迹

核算和报告期内会展活动展前第 i 个基建项目在建造过程中第 w 种能耗总量 $E_{i,w}$ 核算公式为：

$$E_{i,w} = E_{i,w,分项} + E_{i,w,措施} \tag{2-64}$$

公式（2-64）中：

$E_{i,w,分项}$ 为核算和报告期内会展活动第 i 个基建项目第 w 种能源分部分项工程总能耗，单位为千瓦时（kWh）；

$E_{i,w,措施}$ 为核算和报告期内会展活动第 i 个基建项目第 w 种能源分部措施工程总能耗，单位为千瓦时（kWh）。

3. 分部分项工程能耗

（1）分部分项工程能耗

核算和报告期内会展活动第 i 个基建项目第 w 种能源分部分项工程总能耗 $E_{i,w,分项}$ 核算公式为：

$$E_{i,w,分项} = \sum_{x}^{X} (Q_{i,w,分项,x} \times f_{i,w,分项,x}) \tag{2-65}$$

公式（2-65）中：

X 表示核算和报告期内分部分项工程共有 X 个分项；

$Q_{i,w,分项,x}$ 为核算和报告期内会展活动第 i 个基建项目第 w 种能源分部分项工程下第 x 个项目的工程量，单位为千瓦时（kWh），以施工单位提供的数据信息为准；

$f_{i,w,分项,x}$ 为核算和报告期内会展活动第 i 个基建项目第 w 种能源

分部分项工程下第 x 个项目的能耗系数，单位为千瓦时/工程量计量单位。

（2）基建项目能耗系数

核算和报告期内会展活动第 i 个基建项目第 w 种能源分部分项工程下第 x 个项目的能耗系数 $f_{i,w,分项,x}$ 核算公式为：

$$f_{i,w,分项,x} = \sum_{y}^{Y} T_{i,w,分项,x,y} \times R_{i,w,分项,x,y} + O_{i,w,分项,x} \qquad (2-66)$$

公式（2－66）中：

Y 为分部分项工程的施工机械共有 Y 种类型；

$T_{i,w,分项,x,y}$ 为核算和报告期内会展活动展前第 i 个基建项目建造过程中第 w 种能源分部分项工程下第 x 个项目中第 y 种施工机械单位台班的消耗量，单位为台班，取值以施工单位提供的数据信息为准；

$R_{i,w,分项,x,y}$ 为核算和报告期内会展活动展前第 i 个基建项目建造过程中第 w 种能源分部分项工程下第 x 个项目中第 y 种施工机械单位台班的能耗，单位为千瓦时/台班，取值参考《附件六：常用施工机械台班能源用量》；

$O_{i,w,分项,x}$ 为核算和报告期内会展活动展前第 i 个基建项目建造过程中第 w 种能源分部分项工程下第 x 个项目中小型施工机具列入材料的部分能源用量的能耗（独立于机械台班能耗核算），单位为千瓦时，取值以施工单位提供的数据信息为准。

4. 措施项目能耗

（1）措施项目能耗

核算和报告期内会展活动第 i 个基建项目第 w 种能源分部措施工程总能耗 $E_{i,w,措施}$ 核算公式为：

$$E_{i,w,措施} = \sum_{x}^{X} (Q_{i,w,措施,x} \times f_{i,w,措施,x}) \qquad (2-67)$$

公式（2－67）中：

$Q_{i,w,措施,x}$ 为会展活动展前第 i 个基建项目建造过程中第 w 种能源下措施项目中第 x 个项目的工程量，单位为千瓦时（kWh），以施工单位提供的数据信息为准；

$f_{i,w,措施,x}$ 为会展活动展前第 i 个基建项目建造过程中第 w 种能源下措施项目中第 x 个项目的能耗系数，单位为千瓦时/工程量计量单位。

（2）措施项目能耗系数

措施项目包括脚手架、模板以及支架、垂直运输、建筑物超高等可核算项目，核算和报告期内会展活动展前第 i 个基建项目建造过程中第 w 种能源下措施项目中第 x 个项目的能耗系数 $f_{i,w,措施,x}$ 核算公式为：

$$f_{i,w,措施,x} = \sum_{y=1}^{Y} T_{j,措施,x,y} \times R_{j,措施,x,y} \tag{2-68}$$

公式（2－68）中：

$T_{i,w,措施,x,y}$ 为核算和报告期内会展活动展前第 i 个基建项目建造过程中第 w 种能源措施项目下第 x 个项目中第 y 种施工机械单位台班的消耗量，单位为台班，取值以施工单位提供的数据信息为准；

$R_{i,w,措施,x,y}$ 为核算和报告期内会展活动展前第 i 个基建项目建造过程中第 w 种能源措施项目下第 x 个项目中第 y 种施工机械单位台班的能耗，单位为千瓦时/台班，取值参考附件六：常用施工机械台班能源用量。

四、碳足迹数据收集

表 2－34 由施工企业统一发放给相关物流运输企业进行申报填写后汇总和整理，既可完成碳足迹相关数据信息收集，又可建立相关业务档案，方便日后对工程质量进行追踪溯源时查阅。国际性大型会展活动的基础设施建设，对工程质量以及所使用的原材料有严格要求（比如原材料绿色环保、开采场地确保合法合规等），往往将“原材料供应商/生产商必须提供详细的原料溯源信息”作为强制性要求纳

入施工合同的责任和义务条款范围。施工企业可按照自身特点设计物流数据信息表。

表 2-34　会展活动基建原材料物流数据信息表

建设项目名称：
施工单位名称：
运输企业名称：
施工开始日期：　　　　　　　　　　　　施工结束日期：

原料	品名	单位	产地	物流方式类别[1]	物流运输距离（产地—施工地）	购入量
水泥		吨				
钢筋		吨				
不锈钢		吨				
铝		吨				
砂浆		吨				
沥青		吨				
木材		立方米				
石膏		吨				
油漆		吨				
塑料		吨				
砂石		吨				
瓷砖		平方米				
沙土		吨				
其他						

注：“1”表示参照附录四：各类运输方式的碳排放因子。

表 2-35 归纳和整理施工企业在基础设施建造环节能耗使用量，由每个项目负责承建的施工单位分别填写。会展活动主办方可按照自身要求制作符合自身特点的数据信息汇总表。

表 2－35 施工建造能耗数据信息表

项目名称	子项目名称	施工企业	化石燃料种类以及消耗量[1]	电力消耗量[1]
1	1	1		
		2		
		……		
	2	1		
		2		
		……		
	……			
……				

注："1"表示施工单位需根据本章节第四部分核算方法提供数据信息。

通过表 2－34 和表 2－35 的方式收集数据信息具有以下特点：

● 数据收集实操性★，数据信息的获取通过人工方式进行，原材料产品种类多且涉及产业上游的信息溯源，内容往往无法直接获取，收集难度高，实操性较低；

● 数据信息准确性★，数据信息内容无法准确测算，填表人往往根据行业经验进行估算，数据准确性和可靠性较低；

● 数据收集性价比★★，此项目数据信息需通过人工方式进行汇总、整理以及最后的碳足迹估算，有一定的人力成本花费。

五、碳足迹报告内容

数据信息由表 2－34 和表 2－35 收集汇总后，制成表 2－36 和表 2－37。会展活动主办方可参考表 2－36 和表 2－37 所罗列的关键数据信息制定符合自身特点的碳足迹数据汇总表。在表 2－36 和表 2－37 的基础上，最终将所有碳足迹量汇总成总表（以表 2－38 参考），作为会展活动最终碳中和报告的汇报内容之一。

表 2－36　　基建原材料能耗信息汇总表

原料种类	产品名称	开采、运输和加工生产环节		物流环节			碳足迹共计
		消耗量（吨）	碳排放因子	购入量（吨）	平均距离	碳排放因子	
水泥							
钢筋							
不锈钢							
铝							
砂浆							
沥青							
木材							
石膏							
油漆							
塑料							
砂石							
瓷砖							
沙土							
其他							

表 2－37　　基础设施建造化石燃料燃烧和电力隐含碳足迹信息表

化石燃料类型	活动水平		足迹因子		碳足迹量（tCO_{2e}）
	消耗量（t，万 Nm^3）	低位发热量（GJ/t，GJ/万 Nm^3）	单位热值含碳量（tC/GJ）	燃料碳氧化率（%）	
1					
2					
……					
化石燃料燃烧产生的碳足迹量共计（tCO_{2e}）					

续表

<table>
<tr><td rowspan="2">化石燃料类型</td><td colspan="2">活动水平</td><td colspan="2">足迹因子</td><td rowspan="2">碳足迹量（tCO_{2e}）</td></tr>
<tr><td>消耗量（t，万 Nm^3）</td><td>低位发热量（GJ/t，GJ/万 Nm^3）</td><td>单位热值含碳量（tC/GJ）</td><td>燃料碳氧化率（%）</td></tr>
<tr><td></td><td colspan="2">电消耗量（MWh）</td><td>电网区域</td><td>碳排放因子（tCO_2/MWh）</td><td>碳足迹量（tCO_{2e}）</td></tr>
<tr><td>电力</td><td colspan="2"></td><td></td><td></td><td></td></tr>
<tr><td colspan="5">电力隐含二氧化碳足迹量共计（tCO_{2e}）</td><td></td></tr>
</table>

表 2 - 38　　会展活动组织展前基础设施建设碳足迹量报告

会展活动名称：

会展活动时间：

化石燃料燃烧碳足迹量（tCO_2）	
电力隐含碳足迹量（tCO_2）	
会展活动主办方展前基础设施建设碳足迹总量（tCO_2）	

六、展前基建碳减排

展前基础设施建造期间的碳减排措施主要集中在以下三个方面：

第一方面：对现有的建筑进行改造和升级以减少建材原料的消耗；

第二方面：对拆除后的建筑废料进行再次利用；

第三方面：对新场馆的建设进行可持续发展的合理规划，尤其是在场馆供电供热方面。

在上海世博会的可持续发展回顾报告中提到，2010 年上海世博会在场馆规划和筹建方面采用可持续发展的方案，主要的对策方法之一是对现有的工业厂房进行改造以减少展前基建施工的碳足迹，大约有 37 万平方米的废旧工业厂房被改造和升级，评估报告显示此项方案总体上大约减少 14919 吨的碳足迹，而其中有 10683 吨来自建筑材料的节省（UNEP，2012）。在 2020 迪拜世博会可持续发展报告中提到，正在建造的众多展前基础设施低碳项目中，有一个大约可以容纳3万个车位的停车场，其道路设施的建设用料均来自该场地之前拆除的建筑废料，用原拆原造的方式减少碳足迹（EXPO 2020 Programme Office，2018）。

2020年5月由IOC、国际残疾人奥林匹克委员会（International Paralympic Committee）和北京冬奥组委同步向社会正式发布的《北京2022年冬奥会和冬残奥会可持续性计划》对场馆建设和利用坚持生态优先方针，在利用现有临时场馆和设施方面，北京冬奥会组委会首钢办公区办公场所由原首钢园区升级改造而成，既满足北京冬奥会组委会阶梯式增长的办公空间需求，也降低对资源和环境的影响。在赛区场馆的建设方面，北京赛区充分利用北京2008年奥运会遗产，张家口赛区充分利用云顶滑雪场现有雪道，张家口山地新闻中心利用云顶大酒店改造而成。在低碳场馆建设方面，在北京、延庆、张家口三个赛区因地制宜，充分利用地热、余热等资源，实施建筑面积各自不少于1000平方米超低能耗低碳示范工程。冬奥村设计优先采用可再生能源利用技术，以及高效外保温、高性能门窗、户式新风处理机组等先进超低能耗建筑技术。同时制定北京冬奥会场馆和基础设施规划建设以及运行阶段可持续性标准，推进场馆业主单位开展绿色建筑标准评价工作。

产业聚焦

木材革命

摩天大楼的兴起以及林木材料自身存在的各种先天缺陷，将人类建筑的首选材料由木材变为了钢筋水泥。但随着科技的发展和社会的进步，一场“木材革命”也正在悄然兴起，其中就有创新性的新型工程木材料—交叉层积材CLT（Cross Laminated Timber）。顾名思义，CLT是一种由多层板材相互垂直排列而组成的木质复合材料，具有良好的耐火性、抗震性，同时还具有隔声隔热效果好、建造快、建筑现场噪声污染低等优点。更重要的是与其他材料相比，CLT具有良好的固碳和减排效果。计算结果显示，生产 $1m^3$ CLT 材料只产生 110kg 的碳足迹，而木质材料本身可固碳 825 kg，净产生碳汇 715 kg/$m^3$①。

目前世界上很多国家不断尝试使用 CLT 材料建造楼宇，现介绍几个具有代表性的项目。伦敦东部地区的 Stadthaus 酒店，由建筑公司 Waugh Thistleton 仅用 4 人 27 天就建造完毕，该酒店是一幢 9 层建筑，高 30 米，在 2008 年为全球最高的木结构建筑。位于芬兰 Kuokkala 郊区的 Puukuokka 公寓是一幢 8 层高的木结构建筑，建筑面积 18650 平方米，由 OOPEAA 事务所在 2015 年设计，Kone、Profin 等建筑公司联合建造。Puukuokka 公寓是芬兰第一座高层木结构公寓楼，该公寓楼探索模块化预制 CLT 在木结构高层建筑的应用潜力，公寓整个承重结构和框架由大型木材制成，并且由预制的体量化 CLT 模块组成，OOPEAA 建筑事务也因此赢得 2015 年芬兰建筑奖。位于英国伦敦东岸的 Dalston Lane 大楼由伦敦 Waugh Thistleton 建筑事务所设计并在 2016 年完工。该建筑高 10 层，有 121 个单元，建筑面积 12500 平方米，可容纳 800 人，是当时世界上最大的 CLT 大楼。该大楼从地下一层到一楼由混凝土建造，一楼以上完全使用木材，整个项目使用了大约 4500 立方米木材，约为 2300 棵树，大致固碳 2400 吨②。在挪威 Brumunddal 林区，有一座 Mjøstårnet 大楼，该楼由挪威 Voll Arkitekter 公司设计，共 18 层，高 85.4 米，内设有酒店、公寓、游泳池、餐饮、办公室等功能区，在 2019 年被评为世界最高木结构建筑，该建筑的悬梁、立柱等均由 CLT 材料建造，原料来自附近林场。2020 年，由 Waugh Thistleton 建筑事务所设计的位于伦敦 Haggerston 创意中心内的“Orsman 大街 6 号”CLT 木质结构建筑正式落成揭幕。该大楼是一幢占地 34000 平方英尺的 5 层办公大楼，采用的是 CLT 和钢材相结合的混合结构，相比于混凝土和钢材，CLT 在生产过程中所需的水和能源都要少，能最大限度地遵循可持续发展理念。

参考文献：

①木材也可以搭成“高楼大厦”！交叉层积材 CLT 你了解吗［EB/OL］.

(2018－08－22) [2021－08－02]. https://www.sohu.com/a/249364684_100039272.

②HARLEY T, WHITE G, DOWDALL A, et al. Dalston Lane-The world's tallest CLT building [R]. 2016.

第九节　展后遗产

一、核算对象和项目

大型会展活动的展后遗产可以分为物质文化遗产和非物质文化遗产两大类。本节主要阐述如何对永久性展后场馆遗产进行项目确定、数据收集、碳足迹核算、碳足迹汇报和碳减排实施，属于物质文化遗产。

对场馆进行科学的规划和合理的应用，可以让场馆在未来承接更多的会展活动，大大减少因会展活动需要而重新建造场馆所产生的碳足迹。但如果规划和使用不合理，也会产生不可忽视的巨大社会资源浪费现象。悉尼奥林匹克公园作为2000年悉尼奥运会的遗产，在奥运会结束以后2年时间内出现大量闲置情况，俗称“低谷效应”。Cashman（2007）认为其原因之一是缺乏遗产计划，即在奥运会结束之后没有足够的大型体育和文化活动来吸引市民。2004年雅典奥运会在场馆建设、奥运会运营和其他相关支出高达120亿美元，超过了除北京奥运会以外历届奥运会的经费收入（罗晓波，2010）。由于没有制定科学合理的场馆遗产使用规划，十年之后，雅典奥运会当年22座场馆中有21座沦为废墟，造成大量浪费。比如，当时在希腊北部只有8.5万人口规模的小城沃洛斯建造了一座能容纳2.2万人的足球场，而该城市既没有球队也没有相关产业，缺乏后续的经营规划，在奥运会结束以后该足球场一直处于空闲状态，直到完全废弃（Jones，2017）。

相比雅典奥运会，2008 年北京奥运会和 2012 年伦敦奥运会在展后场馆遗产方面的继承就具有前瞻性和有效的规划，很多场馆在赛后均得到了有效和充分的利用。例如，“鸟巢”成为各类演出、赛事以及娱乐活动的举办场所，自 2008 年 10 月开放运营至今，共接待中外游客超过 3300 万人次，连续多年实现自主盈利；奥林匹克篮球馆（五棵松体育馆）不但是国内唯一一家篮球（北京首钢队）、冰球（昆仑鸿星队）双主场场馆，同时也承担了其他大型体育赛事以及高端演唱会的举办场所，场馆全年无休。伦敦奥运会主会场“伦敦碗”（London Bowl）在赛后改造成了拥有 2.5 万个观众座席的西汉姆联队的主场；水上中心（London Aquatics Centre）不仅对专业运动员开放，同时也面向社会，并且建设得更加大众化、全民化。

大型会展活动展后场馆遗产的合理规划和有效利用在内容上归类属于会展活动可持续发展的研究范围，本节从碳中和的角度对会展活动可持续发展进行分析和研究。报告主体进行碳足迹核算和报告的完整工作流程主要包括：

①确定核算边界；

②识别排放源；

③建立核算模型；

④收集活动水平数据，选择和获取排放因子数据；

⑤核算并报告碳足迹；

⑥制订未来碳减排措施和规划（可选择）。

二、碳足迹核算边界

大型会展活动展后场馆遗产的核算边界在我国没有明确的边界定义。本节参考 IOC 在碳足迹核算方法中对展后场馆遗产的碳足迹核算边界定义（IOC，2014），主要指：

- 展后场馆遗产中针对会展活动部分的拆除项目（比如部分座椅

的拆除）。

但不包括：

- 会展活动结束后平时场馆管理和维护的碳足迹核算；
- 展后场馆遗产的改建、改造和升级等工程项目因其商业化目的（比如奥运公寓改建为酒店）；
- 临时场馆搭建后拆除（此项详见第二章第十节垃圾处理）。

本节涉及的交通出行碳足迹核算主要参考文献有：

- 《省级温室气体清单指南（试行）》。

三、碳足迹核算模型

（一）碳足迹总量核算

核算和报告期内会展活动主办方在场馆拆除方面的碳足迹总量核算公式为：

$$E_{拆除} = \sum_{i}^{I}(E_{i,电耗} + E_{i,其他}) \tag{2-69}$$

公式（2－69）中：

$E_{拆除}$ 为核算和报告期内展后场馆遗产拆除阶段净购入能源所产生的碳足迹总量，单位为吨 CO_2 当量（tCO_{2e}）；

I 为核算和报告期内会展活动基础设施拆除项目共有 I 个；

$E_{i,电耗}$ 为核算和报告期内展后场馆遗产拆除第 i 个项目净购入电力所产生的碳足迹量，单位为吨 CO_2 当量（tCO_{2e}）；

$E_{i,其他}$ 为核算和报告期内展后场馆遗产拆除第 i 个项目净购其他源种类所产生的碳足迹量，单位为吨 CO_2 当量（tCO_{2e}）。

（二）电力碳足迹

核算和报告期内展后场馆遗产拆除阶段净购入电力所产生的碳足迹量 $E_{i,电耗}$ 核算公式为：

$$E_{i,\text{电耗}} = AD_{i,s} \times EF_{i,s} \tag{2-70}$$

公式（2－70）中：

s 表示会展活动所在城市为第 s 区域，区域确定参考附件三：2019 年度六大区域电网 OM 排放因子参考表；

$AD_{i,s}$ 为核算和报告期内展后场馆遗产拆除第 i 个项目在第 s 区域的净购入电量，单位为兆瓦时（MWh），净购入电量取值以第 s 区域的施工企业提供的单据数据为准；

$EF_{i,s}$ 为核算和报告期内展后场馆遗产拆除第 i 个项目在第 s 区域电网供电平均碳排放因子，单位为吨 CO_2 当量/兆瓦时（tCO_{2e}/MWh），取值参考附件三：2019 年度六大区域电网 OM 排放因子参考表。

（三）其他能源碳足迹

1．其他能源碳足迹总量

核算和报告期内展后场馆遗产拆除第 i 个项目展后场馆遗产拆除阶段净购入其他能源种类所产生的碳足迹量 $E_{i,\text{其他}}$ 核算公式为：

$$E_{i,\text{其他}} = \sum_{j}^{J} E_{i,j} \tag{2-71}$$

公式（2－71）中：

J 为核算和报告期内展后场馆遗产拆除第 i 个项目净购入能源共有 J 种类型；

$E_{i,j}$ 为核算和报告期内展后场馆遗产拆除第 i 个项目净购入其他第 j 种能源所产生的碳足迹，单位为吨 CO_2 当量（tCO_{2e}）。

2．其他能源碳足迹

核算和报告期内展后场馆遗产拆除第 i 个项目净购入其他第 j 种能源所产生的碳足迹 $E_{i,j}$ 核算公式为：

$$E_{i,j} = AD_{i,j} \times EF_{i,j} \tag{2-72}$$

公式（2－72）中：

$AD_{i,j}$ 为核算和报告期内展后场馆遗产拆除第 i 个项目净购入其他

第 j 种能源的活动水平，单位为吉焦（GJ）；

$EF_{i,j}$ 为核算和报告期内展后场馆遗产拆除第 i 个项目净购入其他第 j 种能源所产生的碳排放因子，单位为吨 CO_2 当量/吉焦（tCO_{2e}/GJ）。

3. 其他能源活动水平

核算和报告期内展后场馆遗产拆除第 i 个项目净购入其他第 j 种能源的活动水平 $AD_{i,j}$ 核算公式为：

$$AD_{i,j} = NCV_{i,j} \times FC_{i,j} \tag{2-73}$$

公式（2－73）中：

$NCV_{i,j}$ 为核算和报告期内展后场馆遗产拆除第 i 个项目净购入其他第 j 种能源的平均低位发热量，对液体燃料，单位为吉焦/吨（GJ/t）；对气体燃料，单位为吉焦/万立方米（$GJ/10^4Nm^3$），取值参考附录一：常见化石燃料特性参数缺省值；

$FC_{i,j}$ 为核算和报告期内展后场馆遗产拆除第 i 个项目净购入其他第 j 种能源的净购入量，对液体燃料，单位为吨（t）；对气体燃料，单位为万立方米（10^4Nm^3），净购入量以负责拆除的施工企业提供的数据为准。

4. 碳排放因子

核算和报告期内展后场馆遗产拆除第 i 个项目第 j 种能源的碳排放因子 $EF_{i,j}$ 核算公式为：

$$EF_{i,j} = CC_{i,j} \times OF_{i,j} \times \frac{44}{12} \tag{2-74}$$

公式（2－74）中：

$CC_{i,j}$ 是核算和报告期内展后场馆遗产拆除第 i 个项目净购入其他第 j 种能源的单位热值含碳量，单位为吨碳/吉焦（tC/GJ），取值参考附录一：常见化石燃料特性参数缺省值；

$OF_{i,j}$ 是核算和报告期内展后场馆遗产拆除第 i 个项目净购入其他第 j 种能源的碳氧化率，以百分比（%）表示，取值参考附录一：常见化石燃料特性参数缺省值；

$\frac{44}{12}$ 为二氧化碳与碳的分子量之比。

四、碳足迹数据收集

会展活动主办方在核算展后遗产碳足迹时，参考表2－39的内容制成符合自身特点的碳足迹数据信息表，由负责拆除的施工企业填写和提供数据信息。

表2－39　　展后遗产碳足迹数据信息表

项目名称	化石燃料种类以及消耗量[1]	电网区域以及电力消耗量[1]
××	1	
	……	
××	1	
	……	
……		

注：“1”表示施工单位需根据本章节第四部分核算方法提供数据信息。

通过表2－39方式收集数据信息具有以下特点：

• 数据收集实操性★★，数据信息的获取通过人工方式进行，信息内容可以直接从拆除的施工企业获取；

• 数据信息准确性★★，数据信息内容由拆除的施工单位提供，数据准确性较高；

• 数据收集性价比★★★，此项目需要收集的数据信息较少，数据由拆除的施工单位提供，无须额外的人工成本。

五、碳足迹报告内容

根据表2－39收集汇总的数据信息制成表2－40。会展活动主办方可以参考表2－40所罗列的关键数据信息制定符合自身特点的碳足迹数据汇总表。在表2－40基础上，最终将所有碳足迹量汇总成总表

（以表 2－41 参考），作为会展活动最终碳中和报告的汇报内容之一。

表 2－40　　基础设施建造化石燃料燃烧和电力隐含碳足迹信息表

化石燃料类型	活动水平		足迹因子		碳足迹量（tCO_{2e}）
	消耗量（t，万 Nm^3）	低位发热量（GJ/t，GJ/万 Nm^3）	单位热值含碳量（tC/GJ）	燃料碳氧化率（%）	
1					
2					
……					
化石燃料燃烧产生的碳足迹量（tCO_{2e}）					
电力	电消耗量（MWh）		电网区域	碳排放因子（tCO_2/MWh）	碳足迹量（tCO_{2e}）
1					
电力隐含二氧化碳足迹量（tCO_{2e}）					

表 2－41　　会展活动主办方展后基建拆除碳足迹量报告

会展活动名称：

会展活动时间：

化石燃料燃烧碳足迹量（tCO_2）	
电力隐含碳足迹量（tCO_2）	
会展活动主办方展后基建拆除碳足迹总量（tCO_2）	

第十节　垃圾处理

一、核算对象和项目

本节主要阐述如何对会展活动的垃圾处理进行项目确定、数据收集、碳足迹核算、碳足迹汇报和碳减排实施。每场会展活动结束后均会产生一定数量的垃圾废弃物，如食物饮料、传单纸张、包装材料、展台拆除垃圾等。通常会展活动场馆面积越大，规模越大，人流量越多，产生垃圾废弃物的数量也越多。据商务部流通中心 2011 年公布的数据显示，2011 年全年展出和承接的搭建工程共计 943 万平方米，展后垃圾约有 4186 吨，相当于一个中等规模城市一星期的生活垃圾总量（关子辰和刘晓雪，2015）。据不完全统计，一个为期 3 天、由 1000 多家企业参展的中等规模展会，仅丢弃的宣传品就多达 32 万册，重约 32 吨，价值人民币 200 万元，而生产及原料需要消耗 400 棵大树和 3000 立方米的水（马思遥，2016）。2010 年上海世博会主办方非常重视低碳环保和可持续发展的理念，虽然提前对世博会进行了合理的规划设计，垃圾废弃物循环利用和可回收利用占垃圾总量达到 57.5%，但还是产生了 17000 多吨需要处理的垃圾废弃物（UNEP，2012）。2018 年世界杯足球赛期间，垃圾废弃物和废水在处理过程中所产生的碳足迹占碳足迹总量的 0.5%，虽然核算结果显示占比较低，但按照碳足迹总量数值却超过了 1 万吨（FIFA，2018）。

随着可持续发展理念在各行各业的不断深入，会展行业也越来越重视对资源的有效利用。会展活动垃圾废弃物定义按照我国《省级温室气体清单编制指南》中的城市固体废弃物定义进行碳足迹核算（不纳入工业废弃物范畴）。报告主体进行碳足迹核算和报告的完整工作流程主要包括：

- 确定核算边界；
- 识别排放源；
- 建立核算模型；
- 收集活动水平数据，选择和获取排放因子数据；
- 核算并报告碳足迹；
- 制订未来碳减排措施和规划（可选择）。

二、碳足迹核算边界

会展活动垃圾废弃物碳足迹的核算边界包括：

• 废弃物从会展现场运输至焚化地/垃圾处理地的运输过程中所产生的碳足迹；

• 固体废弃物在可控的焚化设施中焚烧所产生的碳足迹，焚化燃烧的垃圾废弃物种类包括塑料、纺织物、橡胶、液体溶剂和废油等。

会展活动垃圾废弃物碳足迹的核算边界不包括以下两类：

第一类：生物质废弃物，诸如纸张、食品和木材等燃烧产生的碳足迹。生物成因碳足迹，不纳入清单总量中；

第二类：废弃物能源利用产生的碳足迹。废弃物直接作为燃料发电，或转化为燃料使用不纳入本章节的范围。

本节涉及的交通出行碳足迹核算主要参考文献为《省级温室气体清单编制指南（试行）》。

三、碳足迹核算模型

（一）碳足迹总量核算

核算和报告期内会展活动垃圾废弃物处理碳足迹总量核算公式为：

$$E_{垃圾} = E_{垃圾运输} + E_{垃圾焚烧} \quad (2-75)$$

公式（2-75）中：

$E_{垃圾}$ 为核算和报告期内会展活动垃圾废弃物处理碳足迹总量，单位为吨 CO_2 当量（tCO_{2e}）；

$E_{垃圾运输}$ 为核算和报告期内会展活动垃圾废弃物在陆路运输化石燃料燃烧活动所产生的碳足迹量，单位为吨 CO_2 当量（tCO_{2e}）；

$E_{垃圾焚烧}$ 为核算和报告期内会展活动垃圾废弃物焚化燃烧所产生的碳足迹量，单位为吨 CO_2 当量（tCO_{2e}）。

（二）运输碳足迹

1. 运输碳足迹总量

核算和报告期内会展活动垃圾废弃物在陆路运输化石燃料燃烧活

动所产生的碳足迹量 $E_{垃圾运输}$ 核算公式为：

$$E_{垃圾运输} = \sum_{i}^{I} E_i \quad (2-76)$$

公式（2－76）中：

I 为核算和报告期内垃圾废弃物运输班次共有 I 次；

E_i 为核算和报告期内会展活动垃圾废弃物在陆路运输第 i 次班次化石燃料燃烧活动产生的碳足迹量，单位为吨 CO_2 当量（tCO_{2e}）。

2. 化石燃料燃烧碳足迹

核算和报告期内会展活动垃圾废弃物在陆路运输第 i 次班次化石燃料燃烧活动产生的碳足迹量 E_i 核算公式为：

$$E_i = FC_i \times D_i \times ef_i \quad (2-77)$$

公式（2－77）中：

FC_i 为核算和报告期内会展活动垃圾废弃物在陆路运输第 i 次班次垃圾的重量，单位为吨（t），以垃圾处理方提供的数据信息为准；

D_i 为核算和报告期内会展活动垃圾废弃物在陆路运输第 i 次班次垃圾从会展现场至垃圾处理企业的平均运输距离，单位为千米（km），以垃圾处理方提供的实际运输距离为准；

$ef_{i,物流,j}$ 为核算和报告期内会展活动垃圾废弃物在陆路运输第 i 次班次垃圾的单位重量运输距离的碳排放因子，单位为吨 CO_2 当量/吨·千米（$tCO_{2e}/t\cdot km$），取值参考附录四：各类运输方式的碳排放因子。

（三）焚烧处理碳足迹

核算报告期内会展活动垃圾废弃物焚化燃烧所产生的碳足迹量 $E_{垃圾焚烧}$ 核算公式为：

$$E_{垃圾焚烧} = \sum_{k}^{K}\left(IW_k \times CCW_k \times FCF_k \times EFF_k \times \frac{44}{12}\right) \quad (2-78)$$

公式（2－78）中：

K 表示核算报告期内固体废弃物一共有 K 种类型；

IW_k 是核算报告期内第 k 种类型废弃物的焚烧量，单位为吨（t），取值以垃圾处理方提供的数据信息为准；

CCW_k 是核算报告期内第 k 种类型废弃物中的碳含量比例，以百分比（%）表示，取值参考附录七：废弃物焚烧处理碳排放因子以及来源；

FCF_k 是核算报告期内第 k 种类型废弃物中矿物碳在碳总量中比例，以百分比（%）表示，取值参考附录七：废弃物焚烧处理碳排放因子以及来源；

EFF_k 是核算报告期内第 k 种类型废弃物焚烧炉的燃烧效率，取值参考附录七：废弃物焚烧处理碳排放因子以及来源；

$\frac{44}{12}$ 为二氧化碳与碳的分子量之比。

四、碳足迹数据收集

会展活动主办方可参考表 2 – 42 所罗列的关键数据信息制定符合自身特点的垃圾处理数据信息汇总表，由每个垃圾运输企业提供相关数据信息。

表 2 – 42　　会展活动垃圾运输数据信息表

运输企业名称：
会展活动名称：

日期	班次	车辆类型	燃料类型	平均距离	垃圾类型	垃圾重量

通过表 2 – 42 的方式收据数据信息具有以下特点：

- 数据收集实操性★★，数据信息的获取需要依靠收据/发票等资料信息通过人工方式进行，由垃圾运输企业提供数据信息，数据收集难度较低；

• 数据信息准确性★★，日期、班次、车辆类型、燃料类型、垃圾种类等均从档案记录中获取，燃料消耗量以及垃圾实际重量等则需要根据客观情况进行估算；

• 数据收集性价比★★★，数据材料由垃圾运输企业提供，无须额外成本。

五、碳足迹报告内容

数据信息通过表 2－42 收集汇总后制成表 2－43。会展活动主办方可以参考表 2－43 所罗列的关键数据信息制定符合自身特点的垃圾处理碳足迹数据汇总表。在表 2－43 基础上，最终将所有垃圾处理碳足迹量汇总成总表（以表 2－44 参考），作为会展活动最终碳中和报告的汇报内容之一。

表 2－43　　会展活动垃圾运输碳足迹量数据表

班次	垃圾重量和平均距离（t，km）		单位碳排放因子		碳足迹量（tCO_{2e}）
1					
2					
……					
会展活动垃圾运输碳足迹量（tCO_2）					
垃圾种类	重量（吨）	含碳量（%）	矿物碳含量（%）	燃烧效率（%）	碳足迹量（tCO_{2e}）
1					
2					
……					
会展活动垃圾焚烧碳足迹量（tCO_2）					

表 2－44　会展活动主办方垃圾处理碳足迹量报告

会展活动名称：

会展活动时间：

垃圾运输碳足迹量（tCO_2）	
垃圾焚烧碳足迹量（tCO_2）	
会展活动主办方垃圾处理碳足迹总量（tCO_2）	

六、碳足迹垃圾处理碳减排

（一）规划型碳减排

发达国家会展活动在垃圾循环利用与回收方面比较重视如何合理规划会展活动，尽可能减少垃圾的产生，聚焦在“预防”，偏向规划型碳减排，各种创意层出不穷，值得我国借鉴。

2007 年 Coachella 音乐节和全球遗产合伙组织策划和发动了“十换一”项目，现场观众捡到 10 个空塑料瓶上交给主办方，能换取 1 瓶矿泉水，以此来推广环保理念以及减少塑料制品的使用。加拿大 Hillside Festival 活动主办方通过租赁形式提供给活动现场 5000 名活动参与者可重复使用的盘子、杯子等餐具用品，并联合一家叫“Dish Ninjas”的服务机构，为活动提供餐具的收集和洗涤服务，大大降低活动期间一次性餐具的垃圾产生量。温哥华马拉松大赛 Vancouver Half Marathon 的赛事主办方 Canada Running Series 与会展活动垃圾管理专家 Green Chair Recycling 公司联手合作，通过合理和科学的规划，7000 人参加的赛事只产生 4 袋垃圾（Jones，2017）。英国的环保机构 Eighthplate 擅长收集会展活动结束后未使用的剩余食物（未拆封）以及原料，通过其专业的营养配方进行搭配处理，制成救济餐分发给英国各地公益组织。其参与策划和实施的 Wilderness Festival 变废为宝公益活动是一个经典案例。Wilderness Festival 活动吸引了大约 18000 名观众参与，活动结束后现场余留有 42 个餐饮摊贩的共计 7.5 吨食物原料，15个志愿者通过Eighthplate机构提供的不同营养配方菜单对剩余食物原料进行搭配组合，制成6626份救济餐，提供给244个公益组织和机构，极大减少了活动结束后厨余垃圾的处理负担，同时也为这些公益组织和机构节省救济餐购买的费用，达到资源的合理优化配置（Jones，2017）。

从2002年起，Oya音乐节就与挪威最大的青年环保组织“自然与青年”合作，每年音乐节活动期间，来自该环保组织的约200名青年志愿者在活动现场专门开展垃圾回收和管理活动。一个独立的垃圾循环处理中心设立在音乐节活动区域的后方，志愿者们通过手动方式将垃圾按照金属、塑料、纸片、食物等分成15个类别后分类处理。2016年Oya音乐节结束后现场有74%的垃圾得到了循环利用，纸壳、废纸被做成笔记本，食物垃圾则被加工处理成生物燃油，供奥斯陆的垃圾转运车和公交车使用。同时，参加音乐节的人们可通过一次性杯子、爆米花桶或者烟头兑换现金“奖励”，该活动极其有效：整个音乐节期间约有20万只塑料杯得到回收。另外有意思的一个案例是，在此音乐节活动中，一个咖啡生产商摊位和一家临近的肥皂制造商摊位别出心裁进行跨界合作。肥皂制造商利用咖啡生产商使用过后的咖啡残渣制成肥皂产品进行出售，既减少垃圾残渣产生，又实现盈利，同时还宣传和推广环保理念。

草莓音乐节是国内音乐厂牌摩登天空于2009年创办的一个音乐节品牌，其年轻化、个性化和多元化的定位，在国内受到很多年轻人的喜爱。草莓音乐节历经十年，入驻27座城市，举办76场活动，吸引了数百万乐迷参加。2019年度15场草莓音乐节共计回收塑料制品20640件，废物利用再生产品收益20多万元，均捐赠给世界自然基金会（World Wildlife Fund，WWF）用于种植树木，改善环境（阿空，2020）。在上海、成都的超级草莓音乐节现场，摩登天空组织志愿者在3天音乐节期间共回收水杯8240个、雨衣1260件。同时主办方携手合作伙伴闲鱼“循环工厂”，将音乐节现场废弃的喷绘宝丽布，经过选材、裁剪、熨烫、打孔后，被设计师做成300个限量款包包进行销售。

（二）替代型碳减排

我国目前在对待会展活动产生的垃圾废弃物问题上，比较重视如何科学、有效、低碳地回收和处理，聚焦在“处理”，偏向替代型减排，比如采用环保、可降解材料代替传统的塑料，或者使用无纸化和电子化门票、电子宣传册等。2010年上海世博会期间，作为世博会主要合作伙伴之一，中国移动为世博会建立电子信息记录系统，为参观者提供各个国家馆的电子信息介绍以及场馆人流情况等服务，有效减少对纸质产品，如门票、宣传册、宣传页等的需求。2022年北京冬奥会和冬残奥会实施的低碳措施中，鼓励观众采取低碳出行、电子门票、民宿入住、物料循环使用等多种自主低碳观赛行为，同时加强建筑材料低碳采购和回收利用。新建及既有场馆改造优先采购国家、地方低碳产品认证目录中的产品或具有节能标识的低碳材料。在确保建筑耐久性、安全性的前提下，优先采用可再生/可循环利用材料和以废弃物为原料生产的建筑材料。加强新建场馆建筑材料的回收利用。临时场馆及临时设施尽量采用可再生/可循环利用的材料、可拆卸部件或单元，拆除后实现再利用。

扩展阅读

厨余垃圾处理方式

我国目前有两种主要的垃圾处理方式：

一、垃圾填埋

垃圾填埋是我国传统的垃圾处理方式，也是我国目前大多数城市垃圾处理的主要方式。垃圾填埋方式的最大优点是处理量大、工艺简单、技术成熟、处理费用较低。而缺点也非常明显，大量残存的细菌、病毒等潜在的卫生问题，同时其垃圾渗漏还会导致地下水源污染等隐患。从碳排放的角度出发，垃圾填埋中的各种物质在填埋后会通过发酵分解产生甲烷、二氧化碳和渗沥液，同时在填埋作业中的各种机械设备需要消耗化石燃料和电力资源，也会因能耗而产生二氧化碳。

二、垃圾焚烧

垃圾焚烧也是一种传统且重要的垃圾处理方法，全球各国都在广泛使用。通过焚烧方法不仅可以最大限度减少垃圾量，减少垃圾填埋的场地以及可能产生的污染，而且产生的热值能回收再利用。但其也具有一些明显的缺点：一是部分垃圾不容易通过焚烧的方式处理；二是在焚烧过程中产生的烟气容易对环境造成污染。从碳排放的角度出发，为了提高燃烧率在焚烧过程中会特意添加化石燃料进行助燃，其中煤炭、燃油等在燃烧中也会释放出CO_2，同时垃圾焚烧过程中也会产生二氧化氮和二氧化碳等气体。

三、垃圾堆肥

垃圾堆肥方式主要用于有机易腐垃圾的处理，是利用微生物让有机垃圾发生化学反应，产生土壤腐殖质从而达到垃圾处理以及改良土壤的目的。垃圾堆肥方法可以在不使用化学药物的条件下改良土壤，但同时对垃圾种类以及场地的要求较高。堆肥的碳排放主要来自填埋前的发酵处理过程中释放的二氧化碳以及填埋后缓慢降解释放的二氧化氮、二氧化碳等气体。

问题与思考

1. 请为10位负责会展活动的工作人员设计一套低碳有效的拼车方案。

2. 请阐述城市连通性如何影响会展活动的城市交通出行碳足迹？从低碳节能的角度出发，对比成都和上海，请详细分析城市连通性对一场国际性会展活动选址的重要性。

3. 请策划1～2个碳减排活动引导演唱会观众绿色出行。

4. 请为我国知名的草莓音乐节设计一套网上购票的流程，做到既要整个流程简单明了，可操作性强，又能收集到观众的关键数据信息，为整个活动的碳足迹核算提供必要的数据支持。

5. 一场为期三天的户外用品展，针对活动现场的电耗和能耗，请设计2个具有实操性的节能减排方案。

6. 通过调查研究，请提供一个我国航空公司节能减排案例的详细措施以及成效。

7. 假如要在一个城市的五星级酒店组织一场为期3天的国际学术论坛活动，请罗列一个采购清单，并根据清单内容制定1~2个节能减排设计。

8. 请为以下一场为期一周的会展活动设计几个减少垃圾产生的方案，并详细说明方案的可行性：

- 摇滚音乐节；
- “一带一路”中东欧美食节；
- 成都车展；
- 北京母婴展；
- 海南博鳌论坛。

第三章 会展活动碳抵消核算与碳中和管理

碳抵消是指通过碳交易或者碳信用的方式将会展活动所产生的碳足迹进行全体或者部分抵消。碳抵消是会展活动碳中和管理中继碳足迹核算之后的第二个关键环节，本章学习的目的是了解我国会展行业目前有哪些碳抵消的方法，各方法的优缺点以及实施抵消的流程。

第一节　碳抵消概论

发达国家在碳足迹研究领域起步较早，通过不断研究和探索，已经形成规范的碳抵消方式和成熟的市场机制。我国在这方面起步较晚，但通过边学习边实践已摸索出符合我国国情和特色的碳抵消方式和相对应的市场机制。本章节整理和归纳根据《京都协定书（Kyoto Protocol)》内容所形成的国际碳抵消方式和具有我国特色的碳抵消方式（详见附录八），分别进行阐述。

一、国际碳抵消方式

目前国际上有两大类型碳抵消机制，一种是强制性碳抵消交易机制，一种是自愿性碳抵消体系。

（一）强制性碳抵消交易机制

在《京都协定书》框架范围内的国际强制性碳抵消机制下，碳抵消方式主要有两种：

第一种：基于配额的碳交易市场机制（以下简称碳交易 Carbon Trading)。基于配额的碳交易市场机制主要是《京都协定书》附件中缔约国之间通过碳配额转让方式达到减排目的，国际上通常称为国际碳排放权交易（International Emission Trading，以下简称 IET)，其碳核证减排量的衡量单位是 AAU（Assgined Amount Unit)。

第二种：基于项目的碳交易市场机制（以下简称碳信用 Carbon Credits）。基于项目的碳交易市场机制又分为清洁发展机制（Clean Development Mechanism，以下简称 CDM）和联合履行机制（Joint Implementation，以下简称 JI）两种。CDM 是缔约国提供资金和技术与非缔约国（发展中国家）开展项目级合作，用于完成缔约国减排目的，其碳核证减排量的衡量单位是 CER（Certfied Emission Reduction）。JI 是《京都协定书》附件中所列任一缔约方可以向任何其他缔约方转让或从其他缔约方获得由缔约方经济部门旨在减少温室气体各种源的足迹或增强各种汇的清除项目所产生的减排单位，其碳核证减排量的衡量单位是 ERU（Emission Reduction Unit）。

在《京都协定书》国际强制性碳抵消机制下，原则上只有发达国家可以购买发展中国家 CDM 项目所产生的碳信用用于发达国家履约，我国无法通过该机制购买缔约方国家 CDM 项目所产生的碳信用用于抵消我国企业在我国境内产生的碳足迹，所以此方法无法作为我国会展活动碳抵消方式来进行操作。

（二）自愿性碳抵消交易机制

国际自愿性碳抵消交易机制（Voluntary Emission Reduction，以下简称 VER）有别于京都协议体制内的强制性机制，是与其机制下 CDM 机制平行的碳抵消交易机制。在 VER 机制下，公司、个人、政府、非政府组织等均可以通过购买经过认证机构核证的项目用于抵消自身所产生的碳足迹，所以 VER 机制是对 CDM 机制的补充。VER 机制下项目根据不同减排标准，可分为黄金标准（GS）、自愿碳标准（VCS）、自愿性核实减排标准（VER +）等不同种类，而项目类型包括可再生利用能源、能效提高和燃料转换、农业甲烷利用、煤矿甲烷利用、垃圾填埋气利用、森林碳汇、臭氧消除物质化解或者其他 CDM 接受的项目。目前国际上许多大型会展活动采用此类项目抵消其产生的碳足迹，我国也有此类碳中和案例（详见附录九），如 2011

年5月第四届中芬低碳城市生活与节能减排论坛，主办方通过深圳碳排放权交易所购买VCS标准的自愿性抵消项目对论坛所产生的碳足迹进行抵消。

二、我国碳抵消方式

我国碳抵消机制有两种类型：一是强制性碳抵消交易机制；二是自愿性碳抵消交易机制。目前两种方式相辅相成，共同发挥作用。

（一）我国强制性碳抵消交易机制

我国碳排放交易市场从2011年开始进行地方性试点工作，截至目前主要集中在上海、北京、天津、重庆、湖北、广东和深圳七个试点省市，主要目的是通过地方性碳配额交易体系的建立和碳交易活动的开展，为后续我国建立统一的碳交易市场积累经验。地方性碳配额交易体系只允许地方性企业相互间交易，不支持跨省市企业间的碳配额交易，具有地域约束性。截至2021年6月，各区域碳市场覆盖钢铁、电力、水泥等20多个行业的共计近3000家重点排放单位。

2017年我国启动全国碳排放权交易体系的筹备工作，全国碳排放权交易市场于2021年7月16日正式上线启动。全国碳排放权交易市场交易中心设在上海，初期仅限发电行业的2000多家控排企业参与。但根据我国“3060双碳规划”① 的要求，全国碳交易市场将会覆盖包括发电、石化、化工、建材、钢铁、有色金属、造纸和国内民航等八大行业。由于业务范围和针对交易对象不同，全国碳交易市场在启动后，7个地方性交易市场将继续运营，继续承担体制机制与政策的创新探索任务。

碳配额交易方式进行碳中和的主要缺点比较明显，比如受交易市

---

① 即2030年碳达峰，2060年碳中和。

场上可买卖的碳配额数量限制影响大，受国家对碳交易市场政策的影响大，交易价格不稳定等。虽然我国在2019年颁布的《大型活动碳中和实施指南（试行）》中建议通过购买碳配额的方式进行碳中和，但无论是全国还是区域碳市场，会展行业尚未纳入重点排放行业，因此其碳足迹无法在全国性碳排放权交易市场上进行碳配额交易。

产业聚焦

我国碳交易市场的建设发展

2011年国家发改委发布《碳足迹权交易试点工作通知》，启动上海、北京、天津、重庆、湖北、广东和深圳七个省市碳足迹权交易试点。试点地区根据当地实际情况开展的大量基础性工作以及创新性尝试，验证了建设全国统一碳市场的可行性，为全国碳市场的建设奠定了良好的基础。即使全国碳市场按照计划顺利启动与运行，目前的几个试点区域仍然可以继续运行。

2013年11月建设全国碳市场被列入全面深化改革的重点任务之一。2014年12月国家发改委发布《碳足迹权交易管理暂行方法》，确立全国碳市场总体框架。2015年9月《中美元首气候变化联合声明》提出，我国于2017年启动全国碳足迹交易体系。2017年12月国家发改委发布《全国碳足迹权交易市场建设方案（发电行业）》，这标志着全国碳市场完成总体设计，正式启动。自2013年开始交易，到2017年11月，7家试点累计配额成交量超过了2亿吨二氧化碳当量，成交额超过46亿元。

根据《全国碳足迹权交易市场建设方案（发电行业）》，2018年为全国碳市场的基础建设期，重点任务是完成全国统一的数据报送系统、注册登记系统和交易系统建设。2019年则是模拟运行期，重点开展发电行业配额模拟交易，全面检验市场各要素环节的有效性和可靠性。

2021年由于电力行业产品足迹占比高、产品相对数据基础好、监管体系完备，所以全国碳市场建设初期以电力行业为突破口。2021年6月25日，全国统一碳交易市场交易中心和登记中心分别在上海和武汉正式启用。正式启用后的交易中心仅限于电力行业的碳配额交易，其他行业的碳配额交易逐步推进。

（二）自愿性碳抵消交易机制

我国核证自愿减排机制。我国温室气体自愿减排交易机制是基于项目的碳交易市场机制，公司、个人、政府、非政府组织等均可购买经过认证机构核证的自愿性碳减排项目下的碳减排单位 CCER（Chinese Certified Emission Reduction，以下简称 CCER）来抵消其在核算期内的碳足迹量。与国际 VER 项目相比，我国备案的 CCER 项目方法学较少，目前涵盖风电、光伏、垃圾焚烧、秸秆发电、沼气发电、林业碳汇等领域，经过备案、评估、开发等流程最终获得主管部门签发的减排量。关于 CCER 的具体细节，由于不在本章节谈论范畴，故不在此详细介绍。2017 年后，我国 CCER 项目暂停签发，但之前签发的减排量仍然可以交易，而其中部分在区域碳市场上进行交易用于强制减排，也有部分用于碳中和。CCER 项目可用于会展行业实施碳中和，但其开发过程要求严格，且备案和审定核证周期相对较长，因此更加适用于大型会展活动的碳中和。

我国非核证自愿减排机制。对于发电、石化、化工、建材、钢铁、有色金属、造纸和国内民航八大行业之外的非排控企业而言，自愿性非核证碳减排机制也是其抵消碳排放的重要途径之一。目前其减排机制包括林业碳普惠项目和地方政府认可的减排项目，其开发与 CCER 项目基本要求相似。优势在于更加简便易行，开发周期相对较短，不需要在国家层面进行备案和核证，仅需要地方政府认可或备案，产生的减排量不能进入强制性碳排放权交易市场。该类项目主要满足非履约类的市场需求，政府、企业、个人可通过购买碳中和项目产生的碳汇量抵消其产生的碳足迹。我国会展活动碳抵消行为属于自愿性非核证碳减排行为。自愿性非核证碳减排项目开发成本低、周期短、灵活性强，会展行业通过碳减排项目抵消碳足迹不失为成本效益较高的碳中和方式。同时，该类项目尤其是林业碳普惠项目往往具有扶贫减贫等额外的社会效益。例如，福建的“一元碳汇”和贵州的“单株碳汇”将林业碳汇与精准扶贫将结合，为林农带来生态红利。

章节要点

总结目前国内外碳抵消方式，我国会展行业可用于抵消会展活动碳足迹的项目方式为：

1. 国际自愿性碳抵消交易机制（VER）下的黄金标准（GS）、自愿碳标准（VCS）、自愿性核实减排标准（VER+）等各类项目；

2. 我国经过国家层面备案和认证机构核证的自愿性碳减排项目下的各类CCER项目；

3. 我国经过地方政府认可和备案的碳减排项目和林业碳普惠项目。

第二节 碳抵消核算与碳信用项目

一、碳抵消核算

根据“谁污染谁负责”原则，会展活动主办方原则上只需抵消其自身所产生的碳足迹，即可达到会展活动碳中和的目的，即“碳中和会展活动”。这就要求主办方对会展活动的碳足迹进行披露，包括核算边界、核算方法、参数选择以及核算结果，从而判断是否实现真正意义上的碳中和（全部抵消自身碳足迹）还是部分碳中和（部分抵消自身碳足迹）。而“零碳会展活动”的概念，则要求主办方抵消会展活动所产生的所有碳足迹（在核算边界内），包括主办方自身和其他责任主体的碳足迹。中小型会展活动由于碳足迹总量相对较少，主办方通常会采取“零碳”方式，案例详见附录九。而大型或者超大型会展活动，由于碳足迹总量较大且有些相关数据较难收集，主办方通常选择抵消自身产生的碳足迹。比如2010年上海世博会共计产生4921827吨碳足迹，主办方通过碳信用项目抵消了其中4341000吨碳足迹（UNEP，2012）；2014年和2018年世界杯足球赛分别产生碳足迹共计2723756吨和2167118吨，主办方通过各种碳信用项目分别抵消自身碳足迹331000吨和260000吨（FIFA，2019）。

我国会展活动碳抵消模型的表达形式①为：

$$E_{总} \geqslant Q_{碳信用} > 0 \qquad (3-1)$$

公式（3－1）中：

$E_{总}$ 为会展活动碳足迹总量，单位为吨 CO_2 当量（tCO_{2e}）；

$Q_{碳信用}$ 为会展活动碳足迹中有 $Q_{碳信用}$ 数量碳足迹用购买碳信用的方式进行抵消，单位为吨 CO_2 当量（tCO_{2e}），此处碳信用包括第一节小结中归纳的所有抵消方式。

会展活动通过碳信用方式进行碳抵消的核算公式为：

$$Q_{碳信用} = \sum_{i}^{I} Q_i \qquad (3-2)$$

公式（3－2）中：

I 表示会展活动以碳信用方式进行碳抵消共有 I 个碳信用项目种类；

Q_i 为会展活动碳足迹中第 i 个碳信用项目的碳抵消量。

公式（3－2）表示一个会展活动根据会展规模的大小和碳足迹量的多少，可以通过单个或者几个碳信用项目进行抵消。比如：

- 2010年上海世博会主办方通过上海环境能源交易所购买自愿

① 由于碳配额目前只能在试点行业内进行交易，故此碳抵消方式不纳入我国会展活动的碳抵消方式范围内。

减排碳信用项目、南石电厂技术提升工程项目、江南造船厂整体节能减排改造工程项目等项目抵消世博会期间主办方产生的碳足迹。

• 2010 年上海世博会期间美国馆携美铝基金会通过甘肃省风力发电项目、江苏省垃圾填埋气能源转换项目和甘肃省“径流式”微型水力发电项目购买了 8250 吨碳汇额度以抵消世博会期间美国馆所产生的碳足迹，美国馆成为首个实现世博会期间碳中和的绿色国家馆。

• 2014 年巴西世界杯足球赛产生的碳足迹，主办方通过阻止巴西朗多尼亚市 Surui 地区的森林砍伐项目、巴西阿克里市 Purus 地区的森林砍伐保护项目、巴西陶瓷工程节能减排可持续发展项目、巴西亚马逊地区利用木质废料与锯末发电项目等碳信用项目达到赛事碳中和目的。

• 2018 年俄罗斯世界杯，主办方通过俄罗斯生物质能源项目、印度水力发电项目、泰国棕榈油废水处理项目、巴西水力发电项目、肯尼亚高效烹饪炉项目、智利甲烷捕捉与燃烧项目和巴基斯坦一氧化二氮减量项目等 7 个不同碳信用项目进行赛事的碳抵消。

二、我国会展活动碳信用抵消案例

对于我国会展活动主办方而言，碳信用的抵消方式优点明显。比如以项目为基础的碳交易市场机制，不受碳配额市场的影响；项目种类繁多，可挑选符合自身发展目标的项目；对正在实施的碳信用项目本身具有积极的促进作用；无须后续运营或者维护；一般碳信用方式进行碳抵消的性价比要高于碳交易方式等。我国有许多通过碳信用方式对会展活动碳足迹进行抵消的案例，如：

• 2011 年 5 月中旬举行的“第四届中芬低碳城市生活与节能减排论坛”的首次“零碳”论坛尝试，也是广东省首个“零碳”国际交流会议。“中芬低碳城市论坛”从会议筹备到召开全面实施低碳化管理，大量使用无纸化办公、会议现场使用绿色能源、提供公共交通支持参会者绿色出行等措施，在会议结束后对会议进行碳足迹核算评估，并通过深圳排放权交易所购买符合国际标准的自愿减排额度，用于抵消会议所产生的碳足迹。

• 2017 年 12 月第十届中国企业社会责任报告国际研讨会在北京举办，主办方通过对联合主办方、发言嘉宾、参会者、组织者、供应商、媒体、公众等利益相关方进行识别，通过对会前实行本地化采购，倡导公交出行，自带杯子和包包等环保行动，会场布置中的环保印刷以及其他可持续材料利用等举措，对会中管理采取包括在茶歇、展区设计节能环保主题内容，不提供一次性纸杯餐具，要求与会者自助取会议资料（纸、笔、报告等）、餐食，以及水、电的可持续利用等，对会后管理采取包括相关文件资料、会展材料的回收再利用等措施。主办方通过购买山东省临沂市沙沟风电项目所产生的核证减排量对会议产生的碳足迹进行抵消，实现了碳中和。

• 2018 年西安市高新区举办了陕西省首届零碳会议“陕西省绿色金融可持续发展高峰论坛暨欧盟 SWITCH-Asia 项目 FEES 年度展示大会”，会议主办方通过购买陕西省地方电力定边能源有限公司定边冯地坑风力发电场二期工程项目远期 CCER 项目抵消会议产生的 10 吨二氧化碳当量的碳足迹。

• 2018 年 11 月 30 日在江西南昌举行的“长江经济带发展论坛”，主办方通过购买江西林业碳汇 VCS 项目抵消本次论坛所产生的 435 吨二氧化碳当量吨碳足迹。

• 2020 年 11 月 19 日在重庆举办的“重庆市企业低碳管理能力建设培训会”，会议主办方在采取选择公共交通便利的场所、采用绿色环保会议用品、采用本地食材等减排措施以外，还通过购买重庆市“碳汇 +”项目的碳信用对会议参会人员因交通出行、餐饮住宿、现场能耗等项目所产生的碳排放进行抵消，达到“零碳会议”。

• 2020 年 11 月 27 日在海南省海口市举办了“国际双循环与海南

自贸港家族资本融合年度论坛”，主办方通过购买经上海碳排放交易所认证的碳指标 CCER 来抵消会议所产生的碳足迹，达到“零碳”会议的目的。

• 2021 年 4 月 20 日重庆市北碚区生态环境局组织召开“《排污许可管理条例》企业培训会”，区生态环境局通过购买重庆市生态环境局备案的碳汇项目所产生的林业碳汇量对培训会产生的交通、能源等项目共计 3630.57 千克二氧化碳当量的碳足迹进行抵消。

• 2021 年 5 月 31 日成都市召开“2021 年公共机构节能工作专题培训会”，主办方通过四川联合环境交易所碳中和系统购买 CCER（国家核证自愿减排量）3158 千克对会议所产生的碳足迹进行抵消，实现“零碳会议”。

图 3－1 展示了两份我国各地碳排放交易中心出具的碳中和证书，作为会展活动组织方实施碳中和的官方证明，以便后期的溯源和审查。未来随着碳中和相关知识的推广和普及，以及我国越来越多的节能减排项目在国内或者国际上被认可，碳信用作为一种会展碳中和抵消方式会越来越被行业接受。

图 3－1　碳中和证书

扩展阅读

中国 CCER 发展历程

2012 年，国家发改委发布了《温室气体自愿减排交易管理暂行办法》(以下简称《暂行办法》)。办法规定,自2013年起,各试点碳市场逐步启动运行,且均允许控排企业使用CCER进行履约,同时鼓励其他企业主体通过自愿注销CCER的形式,进行自身碳足迹量的中和。

2015年CCER正式纳入7个试点碳市场的交易履约体系。7个试点碳市场陆续公布了各自的《碳抵消管理办法》,管理办法涉及CCER项目技术类型、项目内容、项目来源、减排量产出时间等不同内容。由于各个试点市场所在城市缺乏全国统一性标准,使得CCER入市交易的政策出现门槛高低不一,导致各个市场的成交量以及成交价格存在巨大差异,发展缓慢。

2017年3月17日,国家发改委发布公告,宣布暂停有关CCER方法学、项目、减排量、审定与核证机构、交易机构备案的申请,待《暂行办法》修订完成并发布后,再依据新办法受理。截至目前,CCER上述相关工作仍处于暂停状态,对项目业主以及市场参与者带来了一定的影响,不利于形成稳定的市场预期。

2020年3月,中国温室气体自愿减排交易体系成为ICAO认可的6个CORSIA合格减排项目体系之一。这意味着全球的航空企业可以通过购买CCER的方式,履行自己的减排义务,为CCER增加了作为国际碳市场履约产品的新属性。同时,在中国全国碳足迹权交易体系正式上线运行后,可以借助抵消机制推动国际不同区域碳市场的链接,这也将为帮助"一带一路"倡议沿线国家实现低成本减排提供更多选择。

第三节　碳汇林

一、碳汇林概念

碳汇林在碳抵消项目中属于森林碳汇的范畴,通常出现在国内外自愿性抵消机制下的各类项目中，如 VER、CCER 以及我国各地方政府认可的自愿性非核证抵消项目。森林碳汇项目常见的方式有：

- 阻止森林砍伐、森林修复等项目（我国暂无此类项目，海外比较流行）；
- 林业碳汇；
- 其他方式，比如林业碳普惠项目（详见第四节）。

林业碳汇分两大类。一类是现有林的林业碳汇，是指在原有森林的基础上，测算某一个时间段内因树木生长而增加的碳汇量，通常适用于各类林场的碳汇项目；另一类是新建林的林业碳汇，是指通过植树造林的方式，从无到有产生新的碳汇量，通常适用于各类新建林的碳汇项目。两类林业碳汇项目虽然在碳汇产生的方式上相近但形式上有原则性区别。《中共中央国务院关于2009年促进农业稳定发展农民持续增收的若干意见》中要求“建设现代林业，发展山区林特产品、生态旅游业和碳汇林业”。林业碳汇作为一个新的概念，虽然于2009年首次出现在中央文件中，但在应对气候变化的国际行动中，国际社会很早就开始了在碳汇林方面的探索。森林碳汇交易使森林的固碳能力成为一种商品，能够像普通商品一样进行交易，发挥森林的市场属性，成为森林除了砍伐之外的另一种利润来源，很大程度上改变“林业主要就是搞生态、搞生态就是净投入、难见效益回报”的困窘局面。

通过林业碳汇方式对会展活动进行抵消的公式如下：

$$E_{会展} \geqslant Q_{碳信用} = Q_{林业碳汇} = f(树种、树龄、种植面积、其他因素) \tag{3-3}$$

公式（3-3）表示主办方通过碳信用项目下的林业碳汇方式抵消碳足迹，所抵消的碳足迹数量在核算上主要由树种、树龄、种植面积等因素决定。在测算碳汇林面积之前，先确定选址地区，再选择该地区常见树种（以及树龄），结合其他因素（如光照、降雨量、土壤条件等）核算出单株碳汇量，从而测算出每亩需要种植树木的数量，根据森林经营的原则和方法学，最终测算出碳汇林的面积。具体森林碳汇相关的概念与核算公式、流程和步骤因涉及生物学、林学等领域专业知识，在碳汇林项目的碳汇核算过程中，由具有林业碳汇计量资质的专业公司进行测算，本节不再详细展开，方法学原理请参考《森林经营碳汇项目方法学（AR-CM-001-V01）》。

与碳信用的抵消方式相比，林业碳汇既具有传统造林的优点，有利于保护当地生物多样性和生态环境，又突出了森林的碳汇功能，创造经济效益，实现生态保护与经济发展的良性循环。主要表现为：

- 不受碳交易市场限制，如配额数量、碳交易价格起伏等因素；
- 改善生态环境，比如防风固沙、保持水土、净化空气、改善气候、保护生物多样性等；
- 增加当地就业和收入（比如联合国气候变化大会天津会议所营造的碳汇林项目预计能给当地农民在之后 20 年的管理运行期内带来 260 万元的劳务收入和相当于 700 多万元的林副产品和木材收益）。

同样与碳信用的抵消方式相比，林业碳汇存在的主要问题包括：

- 对土地的要求限制了碳汇林的推广和发展，尤其是土地资源紧张区域；
- 碳汇林项目前期碳汇核算、后期维护均需要成本投入，总体成本要高于其他方式；
- 实施过程较为复杂，工期长；
- 碳汇林可能会因为采伐、火灾、病虫害等人为原因或者自然灾害等不可抗力问题导致森林被毁，合同期内需要重新种植和复原。

二、林业碳汇项目实施步骤以及实施时间

按照国际通行规则，结合会展活动的特点，利用林业碳汇实施碳中和的步骤如下：

①项目策划方在会展活动展前筹备期间介入，提前落实资金预

算、方案制订，选择碳汇林的开发位置；

②会展活动结束后由专业机构测算会展活动的碳足迹量。

③测算用于抵消会展活动碳足迹量的碳汇林面积。根据地点、树种等因素，结合当地土壤、气候、降雨量等变量，由专业机构测算所需要造林的面积。

④完成规划，提交报告以及方案。专业机构提交碳足迹计量报告和碳中和方案。

⑤方案由会展活动主办方审核通过后，落实项目运作资金。

⑥实施碳汇林方案，组织造林。组织营造碳中和林以及后期管理（包括定期向捐赠方反馈信息）。

植树造林的工程量大，需要一定的时间实施完成，《成都市会展活动碳足迹核算与碳中和实施指南》在会展活动结束后20年内完成，生态环境部《大型活动碳中和实施指南（试行）》则建议在会展活动结束后6年内完成，北京市《大型活动碳中和实施指南 DB11/T 1862—2021》则规定必须在会展活动结束当日完成。介于目前我国陆续出台的各地会展活动碳中和指南没有统一标准，建议成都和北京两地的会展活动按照当地的指南实施，而全国其他省市则参考生态环境部所建议的时间节点进行新建碳汇林的实施。

通过新建林业项目的方式实施会展活动碳中和需要满足以下要求：

- 需经过具有造林领域资质的温室气体自愿减排交易审定与核证机构实施认证；
- 新建林业项目用于碳中和之后，不得再作为温室气体自愿减排项目或者其他减排机制项目重复开发，也不可再用于开展其他活动或者项目的碳中和应用；
- 会展活动主办方应在公开渠道对外公示新建林业项目的地理位置、坐标范围、树种、造林面积、监测计划、碳汇量以及其他相关信息。

三、我国会展活动碳汇林项目

我国会展活动碳中和项目的发展历程与国际上其他国家有所不同。从附录九可以清晰地辨别出，在我国会展活动碳中和的摸索时期，林业碳汇是主要的碳抵消方式。我国公益组织（特别是中国绿色碳汇基金会）林业碳汇项目的持续增加也在一定程度上验证了这一点。为了更好地对林业碳汇概念进行理解，本章节选取 2000 年到 2019 年几个经典会展活动碳中和项目（按照由近到远顺序）来阐述。

（一）全球青年创新集训营（UNLEASH2019）碳中和项目

2019 年全球青年创新集训营（UNLEASH2019）是由中国科学技术协会、深圳市人民政府联合主办的意在培养全球创新人才的项目。活动碳足迹量包括活动举办期间的各类碳足迹项目以及大会 VIP 飞行产生的碳足迹，共为 576 吨二氧化碳当量。通过万科公益基金会和深圳市中保比讯安防科技有限公司的公益捐赠，中国绿色碳汇基金会将在河北省太行山区种植 86 亩碳中和林，约 9500 株侧柏，森林生长过程中吸收的二氧化碳，用于抵消此次大会全部碳足迹量，实现碳中和。

（二）2019 杭州马拉松碳中和项目

2019 杭州马拉松是由中国田径协会、浙江省体育局、杭州市人民政府主办，浙江省体育竞赛中心、浙江省黄龙体育中心、杭州市体育局、浙江省马拉松及路跑协会承办的国际性马拉松赛事。经核算，本次赛事共计足迹温室气体 1347.53 吨二氧化碳当量，其中交通出行温室气体足迹 1100.61 吨二氧化碳当量，杭州马拉松赛事活动举办当天温室气体足迹总量 273.92 吨二氧化碳当量。中国绿色碳汇基金会在河北省邯郸市涉县，实施“2019 杭州马拉松蚂蚁森林碳中和林”

项目，造林面积 100 亩，种植侧柏 11000 棵，实现马拉松项目的碳中和。

（三）2016 年 G20 杭州峰会碳中和项目

2016 年 9 月 4 日至 5 日在杭州举行了二十国集团领导人第十一次峰会，中国绿色碳汇基金会会同浙江省林业厅、杭州低碳科技馆，积极组织协调，获得老牛基金会、万马联合控股集团有限公司捐资，在浙江省杭州市临安造林 334 亩，将 G20 杭州峰会足迹的 6674 吨二氧化碳全部抵消，以实现会议碳中和的目标。此次会议的“G20 杭州峰会碳汇林”不但是 G20 会议史上首次在中国实现碳中和目标，同时碳汇林本身也实现了几个全国“首次”：实施了全国首个毛竹林碳汇造林项目；建成了全球首个雷竹林碳汇通量观测塔；筹建了中国绿色碳汇基金会临安碳汇专项基金；开展了农户森林经营碳汇项目试点，成功实施了国内首例农户森林经营碳汇交易，首批 42 户林农成为全国第一批进入林业碳汇自愿交易体系的农民群体。

（四）2016 年呼伦贝尔国际游牧音乐节碳中和项目

2016 年呼伦贝尔国际游牧音乐节是一项以“民族音乐国际化”为宗旨，以“新游牧文化”为特色的综合性音乐盛会，音乐节不仅是对我国传统游牧民族文化的继承，更是对游牧民族文化的发展和创新，同时也是传播绿色低碳理念，提高公众保护生态环境的意识与能力的创新实践。音乐节通过两种融资方式达到碳中和的目标：第一，音乐节承办方美库原创国际文化传媒（北京）有限公司向碳汇基金会捐赠 3 万元人民币，作为实现当届音乐节碳中和目标的第一期资金；第二，从当届音乐节开始，每卖出一张门票，就向碳汇基金会捐 2 元钱，用于实现 2016 年呼伦贝尔国际游牧音乐节“碳中和”目标。

（五）2014 年亚太经合组织（APEC）会议周碳中和项目

2014 年亚太经合组织会议碳足迹项目经北京凯来美气候技术咨

询有限公司计量，中国绿色碳汇基金会审核，会议碳足迹共计 6371 吨二氧化碳当量。中国绿色碳汇基金会和北京市林业部门组织了中国中信集团有限公司、春秋航空股份有限公司捐资 650 万元，在北京市怀柔区和河北省康保县营造 1274 亩碳汇林，其中北京造林 674 亩，河北造林 600 亩，主要造林树种为油松、白皮松、樟子松、侧柏、黄栌、五角枫、榆树等，在未来 20 年可将本次会议造成的碳足迹全部吸收。这在 APEC 会议史上尚属首次。

（六）2013 年太湖论坛碳中和项目

第二届太湖文化论坛年会于 2013 年 5 月 18 日至 19 日在浙江省杭州市举行，来自世界五大洲 23 个国家的政治家、自然科学家、社会科学家和各界知名人士约 500 人出席会议。太湖文化论坛和中国绿色碳汇基金会合作，以造林增汇的方式将本次论坛办成“碳中和”会议。经北京凯来美气候技术咨询有限公司计量，中国绿色碳汇基金会审核，本次会议共计足迹 99 吨二氧化碳当量。中国绿色碳汇基金会出资 1.5 万元，在江西井冈山营造 15 亩碳汇林，在未来 5 年可将本次会议的碳足迹全部吸收。该碳中和林除了实现本次会议“碳中和”目标外，还将发挥改善当地生态环境、保护生物多样性和增加农民收入等多重效益。

（七）2010 联合国气候变化天津会议碳中和项目

2010 年 10 月，由中国政府首次承办的联合国气候变化会议在中国天津召开。会议决定，所产生的碳足迹由中国绿色碳汇基金会出资造林予以抵消，把天津会议办成碳中和的国际会议。经清华大学能源经济环境研究所测算，联合国气候变化天津会议的碳足迹共计约 1.2 万吨二氧化碳当量。中国绿色碳汇基金会根据国家林业局批准的碳计量资质单位国家林业局林产工业规划设计院出具的碳汇计量结果，出资人民币 375 万元，在山西省襄垣、昔阳、平顺等县营造 5000 亩碳汇林，未来10年可将本次会议造成的碳足迹全部吸收。造林资金来自国电集团和山西潞安环保能源开发股份有限公司向中国绿色碳汇基金会提供的捐赠。预计项目区农民可以从该项目中获得260万元的劳务收入和相当于700多万元的林副产品和木材收益。

扩展阅读

中国绿色碳汇基金会

中国绿色碳汇基金会（以下简称基金会）是经国务院批准，于2010年7月19日在民政部注册成立的我国首家以增汇减排、应对气候变化为主要目标的全国性公募基金会，同时也是经民政部认定具有公开募捐资格的慈善组织。业务主管单位是自然资源部，现作为国家林业和草原局直属单位。基金会于2012年被联合国气候变化框架公约（UNFCCC）秘书处批准为缔约方会议观察员组织；2013年、2019年先后被民政部评定为4A级基金会；2015年成为世界自然保护联盟（IUCN）成员单位；同年，被民政部授予“全国先进社会组织”称号。由基金会资助实施的“内蒙古盛乐国际生态示范区项目”获“中华慈善奖最具影响力慈善项目奖”。

基金会成立以来，在社会各界的广泛关注和大力支持下，围绕国家应对气候变化战略目标，结合企业、组织和公众参加适应和减缓气候变化公益活动的需要，积极募集资金，开展了一系列以增汇减排为主要目标的造林和森林经营项目以及相关的活动。基金会为企业、组织和公众成功搭建了一个通过林业措施“储存碳信用、履行社会责任、增加农民收入、改善生态环境”四位一体的公益平台。同时，创办了将义务植树与减少碳足迹有机结合的“绿化祖国·低碳行动”植树节，以鼓励和帮助广大公众以网上出资造林“购买碳汇”的低碳方式履行植树义务，实现了“足不出户、低碳植树”，创新了义务植树尽责形式，提高了义务植树尽责率，该活动得到有关中央国家机关、地方政府、企业和公众的积极响应和踊跃参与。

截至2019年底，基金会已获得来自国内外捐款71593万元人民币，其中境内捐款69265万元，境外捐款2328万元。先后在全国20多个省（区、市）营造和参与管理碳汇林120多万亩，并在全国部署了75片个人捐资与义务植树碳汇造林基地。组织营造了“国务院参事碳汇林”“全国首个碳中和婚礼碳汇林”“建院附中碳汇科普林”等不同主题的个人捐资碳汇林；实施了2010年联合国气候变化天津会议、2010国际竹藤组织公务出行、联合国可持续消费论坛、2014年APEC会议、2016年G20杭州峰会、2011—2019年中国绿公司年会等60多个大型会议和组织机构的碳中和林项目；组织开发了国内首个可进入市场交易的中国核证减排量（CCER）林业碳汇项目，开发了包括造林、森林经营、竹林、灌木等碳汇项目方法学和林业碳汇项目注册平台。基金会已成为国内以造林增加碳汇、保护森林减少足迹等措施开展碳补偿、碳中和的专业权威机构。

资料来源：中国碳汇基金会官网。

第四节　会展碳中和相关政策汇总与分析

一、目前各省市会展碳中和相关政策和实施指南

2018年成都市发展改革委员会公布了全国首个会展活动的地方性碳中和指南《成都会展活动碳足迹核算与碳中和实施指南 DB5101/T 41－2018》，该指南明确了成都市大型活动实施碳中和的基本要求、原则和实施流程，提出会展活动碳足迹核算公式，罗列碳抵消方式等内容，标志着地方性政府将会展活动正式纳入管理范围的开始。

2019年生态环境部出台的《大型活动碳中和实施指南（试行）》是我国第一部针对大型会展活动碳中和行动的实施指南，目的在于加强对大型会展活动碳中和的引导，推动践行低碳理念，弘扬以低碳为

荣的社会新风尚，树立我国作为负责任大国的国际形象。

2020 年 12 月，江西省生态环境厅出台《关于推动开展大型活动碳中和工作指导意见》，根据指导意见要求，江西省将推动构建以各级政府为主导、企事业单位为主体、非政府组织社团和公众积极参与的普惠化大型活动碳中和体系。意见规划到 2023 年，江西省基本形成低碳理念，大型会议、活动碳中和长效机制基本建立，大型会议、活动碳中和成为社会共识；到 2025 年，以各级政府为主导、企事业单位为主体、非政府组织社团和公众积极参与的普惠化大型会议、活动碳中和体系基本完善。全省重要大型会议、活动均能主动自愿实施控制温室气体排放行动，通过碳抵消等手段中和实际产生的温室气体排放量。该指导意见是我国首个省级行政机构出台的会展活动碳中和发展规划。

2021 年 2 月出台的《国务院关于加快建立健全绿色低碳循环发展经济体系的指导意见》（国发〔2021〕4 号）进一步明确我国会展行业绿色发展的方向，指导行业制定相关绿色标准以及自身的发展规划和目标。

2021 年 4 月，四川省生态环境厅、文化和旅游厅、体育局、机关事务管理局、林业和草原局联合印发了《四川省积极有序推广和规范碳中和方案》，该方案是全国首份社会活动层面碳中和省级推广方案，明确四川省 2021 至 2025 年碳中和的主要目标、实施主体和重点任务。特别指出在大型活动方面，到 2022 年，全省将建成四川省碳中和创新服务平台，实施一批国际性、全国性大型活动碳中和示范项目，碳中和参与度明显提高；到 2025 年，大型活动碳中和有序推行，低碳为荣的社会新风尚广泛弘扬。

2021 年 6 月北京市市场监督管理局发布了《北京市大型活动碳中和实施指南 DB11/T 1862 – 2021》，该指南详细阐述北京市的大型活动实施碳中和的基本要求和原则、实施流程、碳足迹核算、碳抵消方式、碳中和实现等各方面内容，为北京市实施大型会展活动碳中和提供技术支持。引导社会各界对会展碳中和的关注，积极推进我国会展活动碳中和的稳步发展。

二、大型会展活动碳中和实施指南对比分析

通过对比分析成都市、生态环境部以及北京市出台的三部会展活动碳中和指南中的四个核心内容（见表3－1），即会展碳足迹核算项目、碳抵消方式、碳中和时间要求以及碳信用项目类型，指出存在的问题，为其他各省市的会展碳中和规划和方案实施提供参考。

表3－1　　三部指南核心内容对比汇总表

项目	成都会展活动碳足迹核算与碳中和实施指南	大型活动碳中和实施指南（试行）	北京市大型活动碳中和实施指南
发布时间	2018年	2019年	2021年
文件类别	地方标准 DB5101/T 41－2018	部级指南	地方标准 DB11/T 1862－2021
发布机关	成都市发展改革委员会	生态环境部	北京市市场监督管理局
会展碳足迹核算项目	燃料燃烧、电力、热力、交通、住宿	燃料燃烧、电力、热力、交通、住宿、会议用品、废弃物处理	燃料燃烧、电力、热力、新建场馆、交通、住宿餐饮、活动耗材、废弃物处理
碳抵消方式[1]	碳信用、碳汇林	碳配额、碳信用、碳汇林	碳配额、碳信用、碳汇林
碳中和时间要求	1. 如采用获取碳信用抵消的方式，实现碳中和的时间不得晚于会展活动结束后1年； 2. 如采用新建碳汇林抵消的方式，实现碳中和的时间不得晚于活动结束后20年	1. 如采用获取碳信用抵消的方式，实现碳中和的时间不得晚于会展活动结束后1年； 2. 如采用新建碳汇林抵消的方式，实现碳中和的时间不得晚于活动结束后6年	1. 如采用获取碳配额或者碳信用抵消的方式，实现碳中和的时间不得晚于大型活动结束当日； 2. 如采用新建碳汇林抵消的方式，实现碳中和的时间不得晚于大型活动结束当日

续表

项目	成都会展活动碳足迹核算与碳中和实施指南	大型活动碳中和实施指南（试行）	北京市大型活动碳中和实施指南
碳抵消项目类型	1. 成都市行政区域内经过第三方认证机构核查且按照程序备案的碳汇项目的减排量； 2. 经成都市主管部门认可的绿色低碳行为的碳减排量； 3. CCER 减排量（四川地区优选）； 4. 国际黄金标准（GS）减排量； 5. 国际自愿减排项目（VCS）减排量； 6. CDM 减排量； 7. 碳汇林	1. 全国或者区域碳排放交易体系的碳配额； 2. CCER 减排量； 3. 经省级以上生态环境主管部门批准、备案或者认可的碳普惠项目产生的减排量； 4. CDM 或者其他减排机制签发的中国项目； 5. 碳汇林	1. 全国碳市场的碳配额； 2. 北京市生态环境主管部门认可的碳汇项目或其他减排项目产生的碳信用； 3. CCER 减排量（京津冀地区优选）； 4. 国际黄金标准（GS）减排量； 5. 国际自愿减排项目（VCS）减排量； 6. 碳汇林

注："1" 表示碳汇林从碳信用中独立出来，单独进行讨论。

在会展碳足迹核算项目上，成都市指南罗列得较为简单，包含了会展活动的几个基本项目。生态环境部在成都市指南的基础上进行了扩充，而北京市指南在生态环境部的基础上再次进行扩充，将新建场馆这个碳排放大项纳入核算范围，进一步提高了准确性、科学性和合理性。

在碳抵消方式的选择上，成都市采取碳信用和碳汇林两种方式，而生态环境部以及北京市则采取碳配额、碳信用和碳汇林三种抵消方式。根据 2021 年生态环境部发布的《碳足迹权交易管理办法（试行）》，我国发电行业第一个履约周期正式启动。在第一个履约周期正式启动期间，由于试点行业限制，会展行业无法采取碳配额交易方式进行抵消。而未来碳交易市场在涵盖八大行业之后是否会对其他行业开发，比如会展旅游等服务业，存在极大不确定性。

在碳中和时间要求上看，北京市最为苛刻，要求在会展结束当日完成碳抵消；成都市则最为宽松，特别是对于以碳汇林方式进行抵消，允许在长达 20 年的时间内完成，大大增加可操作性。

从碳抵消项目类型来看，各指南虽然从符合自身实际的角度出发对项目类型进行设定，但从操作层面分析却存在一些概念性问题亟待澄清：第一，在《京都协定书》的国际强制性碳减排机制下，原则上只有发达国家可以购买发展中国家的 CDM 项目所产生的碳信用用于发达国家履约，我国无法通过该机制购买缔约方国家的 CDM 项目所产生的碳信用用于抵消我国企业在我国境内产生的碳足迹，所以此方法无法作为会展活动碳抵消方式进行操作；第二，无论是全国还是区域碳市场，会展行业尚未纳入重点排放行业，因此其碳足迹无法在碳排放权交易市场进行碳配额交易；第三，CCER 项目可用于会展行业实施碳中和，但其开发过程要求严格，且备案和审定核证周期相对较长，因此更加适用于大型会展活动的碳中和。对于会展行业而言，自愿性碳中和项目开发成本低、周期短、灵活性强，会展行业通过碳中和项目抵消碳足迹不失为成本效益较高的碳抵消方式。

三、会展碳中和发展趋势

（一）基于创新扩散理论的会展碳中和实践

创新扩散理论（Diffusion of Innovation Theory）是由美国学者埃弗雷特·罗杰斯（E. M. Rogers）早在 20 世纪 60 年代提出的用于解释创新理念和创新技术如何随着时间变化在特定的人群或者社会体系中传播和扩散的理论。其观点认为，不是社会中的所有人同时能够接受和适应一个创新事物（概念、行为或者产品），创新在一个社会体系中被接受需要一段时间过程，必然会有一部分人比其他群体更容易接受创新事物。在不同时间段先后接受和适应创新事物的不同人群，其共性特征有差别。对于创新事物的推动者而言，准确掌握每一个不同群体的特征，对于创新事物的推广起到至关重要的作用。

图 3 -2 展示了随着时间的变化，创新扩散过程中对创新接受和适应的不同人群分布。创新事物源自最开始的先驱，即创新者（Innovators)，此部分人群占社会体系的2.5%，是一个热衷于尝试新概念新事物的人群，其特征是爱冒险、具有战略思维，见多识广。紧随其后的是早期采用者（Early Adopters），此部分人群占社会体系的13.5%，通常是社会体系内部最高层次的意见领袖群体。在此之后是早期众多跟进者（Early Majority），此部分人群占社会体系的34%，其群体的特征是深思熟虑，比普通人更加容易接受创新事物，但前提是需要提供创新带来好处有利之征。第四部分人群是晚期众多跟进者（Late Majority），此部分人群占社会体系的34%，其群体疑虑较多，在大部分人接受创新事物的前提下才愿意跟进。最后接受和适应创新事物的群体是滞后者（Laggards），此部分人群占社会体系的16%，属于保守型，思维束缚，想法传统，难以说服。

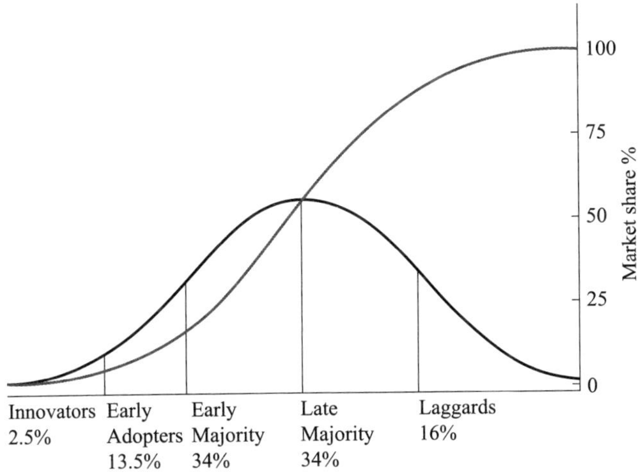

图3-2　创新扩散S曲线

数据来源：百度百科。

会展碳中和作为我国会展行业引入的一个创新性概念，源自发达国家。以2010年作为起点，截至2021年8月，我国会展碳中和已发展十余年，用我国每年会展碳中和累积的数量代表我国会展碳中和创新扩散程度，图3-3显示其曲线变化。从图3-3中可以看出，2010—2019年的时间段可视为我国会展碳中和的先驱时期，创新概念从国外引入中国，由公益组织作为早期先驱者进行推广和摸索（参考附录九），这个时期我国会展碳中和的表现为案例少、进展缓慢、效果不明显。而2019年以后会展碳中和逐渐由公益组织转变为政府主导，各级政府作为早期采用者，推行“自上而下”的实施方针，特别以四川和江西政府为例（参考附录九），案例呈现井喷状态，这个时期我国会展碳中和案例的表现为案例多、时间短、效果明显。

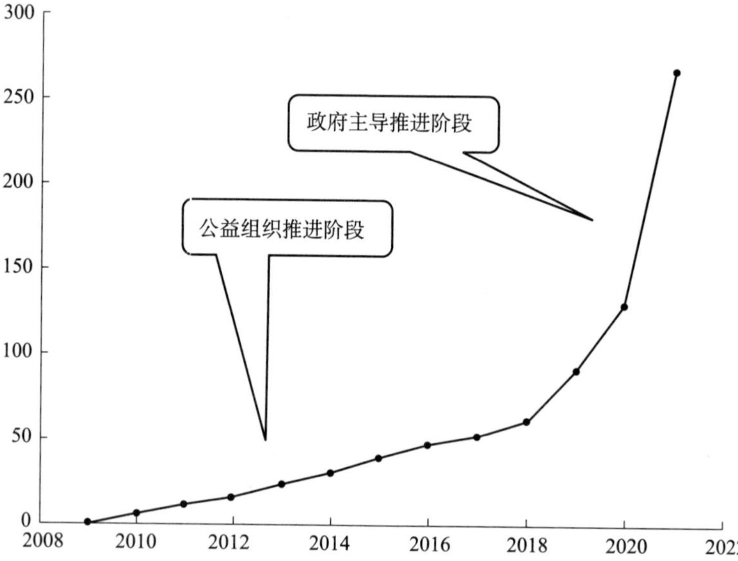

图3－3　我国会展碳中和创新扩散S曲线

数据来源：天津排放权交易所、北京环境交易所，海峡股权交易中心、广州碳排放交易所、深圳排放权交易所、云南省碳汇自愿交易平台、江西省产权交易所、兰州环境能源交易中心、甘肃省碳排放权交易中心、湖北环境资源交易中心、河南能源环境交易中心、河北环境能源交易所、上海环境能源交易所、陕西环境权交易所、辽宁碳排放交易中心、重庆碳排放权交易中心、内蒙古环境能源交易所、山西环境能源交易中心、四川联合环境交易所等交易平台，以及中国绿色碳汇基金会、中国资源减排交易信息平台。

创新扩散S曲线在我国会展碳中和的实践运用中说明两个关键问题：第一，创新需要过程，过程需要时间，我国会展碳中和的创新概念不可能快速推广至整个会展行业；第二，促进创新被采纳的最佳方式是按照不同人群的特征采取针对性的措施。目前会展行业正进入碳中和创新的第二阶段，未来几年将还是以政府主导作为会展碳中和传播的主要手段继续推进，政府主办和组织的各类会议是主要突破口。在大量案例实施的条件下，社会和行业效益逐步显现，早期众多跟进者（行业组织、头部会展企业等）开始出现，第三阶段从政府主导转变为政府引导、行业主导，各类市场化会展活动是碳中和创新概念的主要应用场景。

（二）会展碳中和与扶贫减贫、乡村振兴、生态普惠

会展碳中和项目，尤其是林业碳普惠项目往往具有扶贫减贫等额外的社会效益。碳普惠制是指为小微企业、社区、家庭和个人的节能减碳行为进行具体量化和赋予一定价值，并建立以政策鼓励、商业激励和碳减排量交易相结合的正向引导机制。例如，福建顺昌的“一元碳汇”、四川成都的“碳惠天府”等将林业碳汇与精准扶贫、乡村振兴和生态普惠相结合，带来生态红利[①]。

1. 福建顺昌“一元碳汇”

福建省南平市的顺昌县拥有249万多亩林地，森林覆盖率高达80.12%，该县充分发挥本地生态资源优势，创新性地推行林权托管扶贫和“一元碳汇”扶贫的扶贫项目，让村民守住“栋梁材”，争做“卖炭翁”，帮助贫困户获得资源性收入，助力精准扶贫和乡村振兴的重要实践。“一元碳汇”是指通过互联网和大数据平台，集中将顺昌县下属贫困村和贫困户的林木资源纳入碳汇林管理体系，再将测算产生的碳汇量作为产品通过微信小程序等线上平台，按照10千克碳汇1元钱（即“一元”碳汇）的价格提供给需求方，实现“一对一”碳汇精准扶贫。所得利润直接支付给贫困户、村集体，还用于提升林

① 其他省份的扶贫碳汇项目，比如贵州“单株碳汇”项目、广西互联网碳汇扶贫项目等由于目前只涉及公益扶贫而无法作为碳抵消使用，故不纳入本书介绍范围。

地质量，提高生态效益，形成森林生态良性循环，在实现生态共享的同时，提高贫困户收入，壮大村财。

2020 年项目启动阶段，顺昌县将建西镇 3 个贫困村和 90 户贫困户的 6086 亩林木资源纳入碳汇林管理体系，经过专业人员依据碳汇林方法学计算出首期 2008 至 2017 年减排量 2.99 万吨，按照每年 3300 吨计算（项目期限 20 年），每年可产生收益 33 万元。2021 年，顺昌将“一元碳汇”项目扩大至全县 28 个贫困村和 809 户贫困户，共计约有 11 万多亩林地，预计每年可产生碳减排量 6.2 万吨。为引导公众践行低碳行为，实现零碳排放，顺昌县以 2021 年 1 月 23 日至 27 日召开的十六届人大五次会议和政协十届五次会议为契机，通过购买“一元碳汇”相应碳汇量，对大会产生的碳足迹 17 吨进行抵消，实现全国首场“零碳两会”（池亮亮和郑瑞，2021）。

2. 四川成都“碳惠天府”

2021 年 3 月，成都市政府发布《成都市人民政府关于构建“碳惠天府”机制的实施意见》，该意见指出，“碳惠天府”机制将通过搭建公众参与的平台，创新消纳方式，通过碳的属性推动环境资源向资产转变，实现“生态有价”，构建人人关注、参与、共享的城市绿色低碳生活圈，具体通过建立评价标准，重点引导餐饮、商超、A 级旅游景区、星级旅游酒店、绿色旅游饭店开展“碳中和”，赋予公众在相关场景消费行为的低碳属性，同时引导绿色低碳办会，建立大型活动的“碳中和”机制。

“碳惠天府”机制以成都市生态资源为框架设计基础，通过制定减排项目方法学，引导龙泉山城市森林公园、天府绿道、川西林盘、湖泊湿地等重点生态工程碳汇的开发。“碳惠天府”平台通过公众积极践行节能减排行为（比如绿色出行、垃圾分类、绿色消费等）以及参与知识问答、转发朋友圈等趣味性活动，即时换算成相应碳减排量，用户可根据平台兑换规则获得碳积分，碳积分可在公益性运营平台进行兑换。截至 2021 年 7 月，根据“碳惠天府”平台数据显示，已有 13 场会展活动开通“碳惠天府”方式实施项目碳中和。

问题与思考

1. 根据《京都协定书》的内容形成的国际性碳抵消方式有哪几种？请详细说明。

2. 我国会展活动的碳抵消方式有哪几种？与国际碳抵消方式相比有什么不同之处？

3. 东西部地区在碳汇林发展方面有何区别？各有何特色？

4. 作为会展活动的策划人，如何结合东西部各地优势，策划碳中和的会展活动项目？如何说服会展活动的主办方利用碳汇林进行碳中和？

参考文献

[1] ACHTEN W M J, ALMEIDA J, MUYS B. Carbon footprint of science: more than flying [J]. Ecological Indicator. 2013, 34: 352 - 355.

[2] CANTELON H, LETTERS M. The making of the IOC environmental policy as the third dimension of the Olympic Movement [J]. International Review for the Sociology of Sport. 2000, 35 (3): 294 - 308.

[3] CASHMAN R. 奥运会及其遗产：悉尼奥运会的经验教训 [J]. 体育文化导刊, 2007, 12: 35 - 38.

[4] COLLINS A, COOPER C. Measuring and managing the environmental impact of festivals: The contribution of the Ecological Footprint [J]. Journal of Sustainable Tourism. 2017, 25: 148 - 162.

[5] CRABB L A H. Debating the success of carbon offsetting projects at sports mega-events. A case from the 2014 FIFA world cup [J]. Journal of Sustainable Forestry. 2018, 37 (2): 178 - 196.

[6] DESIERE S. The carbon footprint of academic conferences: evidence from the 14th EAAE congress in Slovenia [J]. Euro Choices, 2016, 15: 56 - 61.

[7] DIEDERICHS N, ROBERTS D. Climate protection in mega-event greening: the 2010 FIFA™ World Cup and COP17/CMP7 experiences in Durban, South Africa [J]. Climate and Development. 2016, 8 (4): 376 - 384.

[8] DOLF M, VIGNEAULT A, STOREY S, et al. Measuring the climate change impacts of a UBC Thunderbirds men's basketball game [R]. Vancouver: University of British Columbia Centre for Sport and Sustainability, 2011.

[9] DOLF M, TEEHAN P. Reducing the carbon footprint of spectator and team travel at the University of British Columbia's varsity sports events [J]. Sport Management Review. 2015, 18: 244 -255.

[10] DOSUMU A, COLBECK I, BRAGG, R. Greenhouse gas emissions as a result of spectators travelling to football in England [J]. Scientific Reports. 2017, 7: 69 -86.

[11] ECON PÖYRY. Feasibility study for a carbon neutral 2010 FIFA World Cup in South Africa [R]. Stockholm: South Africa Department of Environmental Affairs and Tourism & Norwegian Government, 2009.

[12] EDWARDS L, KNIGHT L, HANDLER R, et al. The methodology and results of using life cycle assessment to measure and reduce the greenhouse gas emissions footprint of "Major Events" at the University of Arizona [J]. International Journal of Life Cycle Assessment. 2016, 21: 536 -554.

[13] Expo 2020 Dubai Bureau. Delivering A Sustainable Expo: Expo 2020 Dubai Sustainability Report [R]. Dubai: Expo 2020 Dubai Bureau, 2018.

[14] Fédération Internationale de Football Association. 2018 FIFA World Cup Greenhouse gas accounting report [R]. Zurich: FIFA, 2018.

[15] Fédération Internationale de Football Association. Carbon Management and Climate Protection at FIFA [R]. Zurich: FIFA, 2019.

[16] HISCHIER R, HILTY L. Environmental impacts of an interna-

tional conference [J]. Environmental Impact Assessment Review. 2002, 22: 543 - 557.

[17] International Olympic Committee. Olympic Agenda 2020: The New Norm. Lausanne: IOC, 2014.

[18] International Olympic Committee. Carbon Footprint Methodology for the Olympic Games [R]. Lausanne: IOC, 2018.

[19] JCKLE S. Reducing the carbon footprint of academic conferences by online participation: the case of the 2020 Virtual European Consortium for Political Research General Conference [J]. Political Science and Politics. 2021: 1 - 6.

[20] JONES C. Assessing the environmental impact of a major sporting event [J]. Tourism Economics. 2008, 14: 343 - 360.

[21] JONES M. Sustainable Event Management: A practical Guide. 3rd ed [M]. London; New York: Routleedge, 2017.

[22] NEUGEBAUER S, BOLZ M, MANKAA R, et al. How sustainable are sustainability conferences? -Comprehensive Life Cycle Assessment of an international conference series in Europe [J]. Journal of Cleaner Production. 2020, 242: 1 - 14.

[23] OLENA Z, PETRIN-DESROSIERS C, GOPFERT A, et al. Carbon-neutral medical conferences should be the norm [J]. The Lancet Planetary Health. 2020, 4 (2): e48 - e50.

[24] RIVERTS I, GODLEE F. Reducing the carbon footprint of medical conferences [J]. British Medical Journal. 2007, 334: 324 - 325.

[25] SANCHA M M, BANNISTER S. Climate change conferences and their sustainability concepts: Best practice examples from recent sessions of the UNFCCC COP. Presentation made to the UN DESA expert group meeting on enhancing sustainability of conferences and conference related travel. New York: 2012.

[26] SPINELLIS D, LOURIDAS P. The carbon footprint of conference papers [J]. PloS one. 2013, 8 (6): e66508.

[27] STAHL H, HOCHFELD C, SCHMIED M. Green Goal™ legacy report [R]. Berlin: Organising Committee 2006 FIFA World Cup and Federal Ministry for the Environment, Nature Conservation and Nuclear Safety, 2007.

[28] STAVROS T, ROBERT J R, KIKI K. Carbon Dioxide Emissions of Spectators' Transportation in Collegiate Sporting Events: Comparing on-Campus and Off-Campus Stadium Locations [J]. Sustainability. 2018, 10 (241): 1 - 18.

[29] STROUD J T, FEELEY K J. Responsible academia: optimizing conference locations to minimize greenhouse gas emissions [J]. Ecography. 2015, 38: 402 - 404.

[30] United Nation Environment Programme. Final Environmental Review of the 2010 World Exposition [R]. Nairobi: UNEP, 2012.

[31] United Nation Environment Programme. Sustainable events guide [R]. Nairobi: UNEP, 2012b.

[32] WEIDEMA B P, THRANE M, CHRISTENSEN P, et al. Carbon footprint: A catalyst for life cycle assessment [J]. Journal of Industrial Ecology. 2008, 12 (1): 3 - 6.

[33] ZENG L, ZHU H, MA Y, et al. Greenhouse gases emissions from solid waste: an analysis of Expo 2010 Shanghai, China [J]. Journal of Material Cycles and waste management. 2014, 16 (4): 616 - 622.

[34] 阿空. 音乐节上的环保行动 [EB/OL]. (2020 - 12 - 08) [2021 - 9 - 1]. http://paper.people.com.cn/rmrbhwb/html/2020 - 12 - 08/content_ 2022128.htm.

[35] 池亮亮，郑瑞. 顺昌："一元碳汇"助力"两会"实现碳中和 [EB/OL]. (2021 - 1 - 26) [2021 - 8 - 6]. https://www.fjdaily.

com/app/content/2021 -01 -26/content_ 927357. html.

[36] 关子辰，刘晓雪. 会展业首个节能降耗工作规范出台 [EB/OL]. (2015 -3 -5) [2021 -7 -13]. https://www. bbtnews. com. cn/2015/0305/88966. shtml.

[37] 阚枫. 北京公交票价最低的城市 政府公交补贴7年增加5倍多 [EB/OL]. (2014 -6 -26) [2021 -7 -10]. http://news. sohu. com/20140626/n401413273. shtml.

[38] 李志勇. 北京公交出行在城市总出行量中比例上升到30.2% [EB/OL]. (2007 -4 -15) [2021 -7 -10]. http://www. gov. cn/jrzg/2007 -04/15/content_ 583550. htm.

[39] 刘智. 碳中和目标下低碳会展实践与推进策略 [J]. 求索，2016，6：85 -89.

[40] 罗晓波. 北京奥运会奥运场馆的赛后利用研究 [J]. 大众商务，2010，2：264 -265.

[41] 马思遥. 会展业如何在新时代下乘风破浪 [EB/OL]. (2016 -5 -10) [2021 -8 -01]. http://epaper. ynet. com/html/2016 -05/10/content_ 196477. htm? div =0.

[42] 沈川. 华丽节庆愧对"绿色鲜风"，音乐节加环保渐成清流 [EB/OL]. (2018 -7 -11) [2021 -8 -10]. https://www. sohu. com/a/240484499_ 119490.

[43] 苏荇. 从"冰丝带"首次制冰，看冬奥会场馆"黑科技" [EB/OL]. (2021 -1 -23) [2021 -8 -1]. https://baijiahao. baidu. com/s? id =1689690023942057775&wfr = spider&for = pc.

[44] 孙宏阳. 12万人次绿色出行6天碳减排308吨 减排量累积可兑公共交通优惠券 [EB/OL]. (2020 -9 -17) [2021 -7 -11]. https://baijiahao. baidu. com/s?id = 1678040634302500210&wfr = spider&for = pc.

[45] 徐锭明，李怒云. 浅谈"碳中和"会议 [J]. 秘书工作，

2013（7）：27－28.

［46］曾少军，岑宁申．“碳中和”与北京绿色奥运［J］．北京社会科学，2008（2）：4－8.

［47］中国民航网．极地新航路：东航商业航班首度飞越大西洋［EB/OL］．（2018－11－19）［2021－7－02］．https：//www.sohu.com/a/276515665_263678.

附录一：常见化石燃料特性参数缺省值

燃料品种		低位发热量		单位热值含碳量（吨碳/GJ）	燃料碳氧化率
		缺省值	单位		
固体燃料	无烟煤	24.515	GJ/吨	27.49×10^{-3}	94%
	烟煤	23.204	GJ/吨	26.18×10^{-3}	93%
	褐煤	14.449	GJ/吨	28.00×10^{-3}	96%
	洗精煤	26.344	GJ/吨	25.40×10^{-3}	93%
	其他洗煤	15.373	GJ/吨	25.40×10^{-3}	90%
	型煤	17.460	GJ/吨	33.60×10^{-3}	90%
	焦炭	28.446	GJ/吨	29.40×10^{-3}	93%
液体燃料	原油	42.620	GJ/吨	20.10×10^{-3}	98%
	燃料油	40.190	GJ/吨	21.10×10^{-3}	98%
	汽油	44.800	GJ/吨	18.90×10^{-3}	98%
	柴油	43.330	GJ/吨	20.20×10^{-3}	98%
	喷气燃油	42.500	GJ/吨	19.50×10^{-3}	98%
	一般煤油	44.750	GJ/吨	19.60×10^{-3}	98%
	石油焦	31.000	GJ/吨	27.50×10^{-3}	98%
	其他石油制品	40.190	GJ/吨	20.00×10^{-3}	98%
	焦油	33.453	GJ/吨	22.00×10^{-3}	98%
	粗苯	41.816	GJ/吨	22.70×10^{-3}	98%

续表

燃料品种		低位发热量		单位热值含碳量（吨碳/GJ）	燃料碳氧化率
		缺省值	单位		
气体燃料	炼厂干气	46.050	GJ/吨	18.20×10^{-3}	99%
	液化石油气	47.310	GJ/吨	17.20×10^{-3}	99%
	液化天然气	41.868	GJ/吨	15.30×10^{-3}	99%
	天然气	389.310	GJ/万 Nm^3	15.30×10^{-3}	99%
	焦炉煤气	173.854	GJ/万 Nm^3	13.60×10^{-3}	99%
	高炉煤气	37.690	GJ/万 Nm^3	70.80×10^{-3}	99%
	转炉煤气	79.540	GJ/万 Nm^3	49.60×10^{-3}	99%
	密闭电石炉炉气	111.190	GJ/万 Nm^3	39.51×10^{-3}	99%
	其他煤气	52.340	GJ/万 Nm^3	12.20×10^{-3}	99%

数据来源：（1）对低位发热量：《2005年中国温室气体清单研究》；（2）对单位热值含碳量：《2006年IPCC国家温室气体清单指南》《省级温室气体清单指南（试行）》；（3）对碳氧化率：《省级温室气体清单指南（试行）》。

附录二：各车型百公里能源消费统计表

车辆类型	百公里油耗	数据来源
客车		
7座及以下（汽油）	8.9	轻型乘用车燃料消耗量通告
大于7座小于15座（柴油）	14.4	全国公路水路交通量专项调查
大于15座小于30座（柴油）	18.4	全国公路水路交通量专项调查
30座以上（柴油）	25.5	全国公路水路交通量专项调查
货车		
2吨及以下（汽油）	13.0	全国公路水路交通量专项调查
大于2吨，小于或等于4吨（柴油）	20.2	全国公路水路交通量专项调查
大于4吨，小于8吨（柴油）	25.1	全国公路水路交通量专项调查
大于或等于8吨，小于20吨（柴油）	30.7	全国公路水路交通量专项调查
20吨及以上（柴油）	35	全国公路水路交通量专项调查

数据来源：《陆上交通运输企业温室气体足迹核算方法与报告指南（试行）》附录八中的表1。

附录三：2019 年度六大区域电网 OM 排放因子参考表

区域电网	涵盖省份	区域电网 OM 排放因子（tCO_2/MWh）
华北电网	北京、天津、河北、山西、内蒙古、山东	0.9419
东北电网	辽宁、吉林、黑龙江	1.0826
华东电网	上海、江苏、浙江、安徽、福建	0.7921
华中电网	江西、河南、湖北、湖南、重庆、四川	0.8587
西北电网	陕西、甘肃、青海、宁夏、新疆	0.8922
南方电网	广东、广西、贵州、云南、海南	0.8042

数据来源：(1)《2019 年度中国区域电网二氧化碳基准线排放因子 OM 核算说明》；(2) 2015—2017 年三年加权平均数据。

附录四：各类运输方式的碳排放因子

运输方式类别	碳排放因子 kg CO_2e/（t·km）
轻型汽油货车运输（载重 2t）	0.334
中型汽油货车运输（载重 8t）	0.115
重型汽油货车运输（载重 10t）	0.104
重型汽油货车运输（载重 18t）	0.104
轻型柴油货车运输（载重 2t）	0.286
中型柴油货车运输（载重 8t）	0.179
重型柴油货车运输（载重 10t）	0.162
重型柴油货车运输（载重 18t）	0.129
重型柴油货车运输（载重 30t）	0.078
重型柴油货车运输（载重 46t）	0.057
电力机车运输	0.010
内燃机车运输	0.011
铁路运输（中国市场平均）	0.010
液货船运输（载重 2000t）	0.019
干散货船运输（载重 2500t）	0.015
集装箱船运输（载重 200TEU）	0.012

数据来源：《建筑碳排放计算标准 GB/T 51366－2019》附录 E。

附录五：建筑材料单位碳排放因子

建筑材料类别	建筑材料碳排放因子
普通硅酸盐水泥（市场平均）	735 kg CO_2e/t
C30 混凝土	295 kg CO_2e/m^3
C50 混凝土	385 kg CO_2e/m^3
石灰生产（市场平均）	1190 kg CO_2e/t
消石灰（熟石灰、氢氧化钙）	747 kg CO_2e/t
天然石膏	32.8 kg CO_2e/t
砂（f=1.6~3.0）	2.51 kg CO_2e/t
碎石（d=10mm~30mm）	2.18 kg CO_2e/t
页岩石	5.08 kg CO_2e/t
黏土	2.69 kg CO_2e/t
混凝土砖（240mm×115mm×90mm）	336 kg CO_2e/m^3
蒸压粉煤灰砖（240mm×115mm×53mm）	341 kg CO_2e/m^3
烧结粉煤灰实心砖（240mm×115mm×53mm，掺入量为50%）	134 kg CO_2e/m^3
页岩实心砖（240mm×115mm×53mm）	292 kg CO_2e/m^3
页岩空心砖（240mm×115mm×53mm）	204 kg CO_2e/m^3
黏土空心砖（240mm×115mm×53mm）	250 kg CO_2e/m^3
煤矸石实心砖（240mm×115mm×53mm，90%掺入量）	22.8 kg CO_2e/m^3
煤矸石空心砖（240mm×115mm×53mm，90%掺入量）	16.0 kg CO_2e/m^3
炼钢生铁	1700 kg CO_2e/t
铸造生铁	2280 kg CO_2e/t
炼钢用铁合金（市场平均）	9530 kg CO_2e/t

续表

建筑材料类别	建筑材料碳排放因子
转炉碳钢	1990 kg CO_2e/t
电炉碳钢	3030 kg CO_2e/t
普通碳钢（市场平均）	2050 kg CO_2e/t
热轧碳钢小型型钢	2310 kg CO_2e/t
热轧碳钢中型型钢	2365 kg CO_2e/t
热轧碳钢大型轨梁（方圆坯、管坯）	2340 kg CO_2e/t
热轧碳钢大型轨梁（重轨、普通型钢）	2380 kg CO_2e/t
热轧碳钢中厚板	2400 kg CO_2e/t
热轧碳钢 H 钢	2350 kg CO_2e/t
热轧碳钢宽带钢	2310 kg CO_2e/t
热轧碳钢钢筋	2340 kg CO_2e/t
热轧碳钢高线材	2375 kg CO_2e/t
热轧碳钢棒材	2340 kg CO_2e/t
螺旋埋弧焊管	2520 kg CO_2e/t
大口径埋弧焊直缝钢管	2430 kg CO_2e/t
焊接直缝钢管	2530 kg CO_2e/t
热轧碳钢无缝钢管	3150 kg CO_2e/t
冷轧冷拔碳钢无缝钢管	3680 kg CO_2e/t
碳钢热镀锌板卷	3110 kg CO_2e/t
碳钢电镀锌板卷	3020 kg CO_2e/t
碳钢电镀锡板卷	2870 kg CO_2e/t
酸洗板卷	1730 kg CO_2e/t
冷轧碳钢板卷	2530 kg CO_2e/t
冷硬碳钢板卷	2410 kg CO_2e/t
平板玻璃	1130 kg CO_2e/t
电解铝（全国平均电网电力）	20300 kg CO_2e/t
铝板带	28500 kg CO_2e/t

续表

建筑材料类别		建筑材料碳排放因子
断桥铝合金窗	100%原生铝型材	254 kg CO_2e/m^2
	原生铝：再生铝＝7：3	194 kg CO_2e/m^2
铝木复合窗	100%原生铝型材	147 kg CO_2e/m^2
	原生铝：再生铝＝7：3	122.5 kg CO_2e/m^2
铝塑共挤窗		129.5 kg CO_2e/m^2
塑钢窗		121 kg CO_2e/m^2
无规共聚聚丙烯管		3.72 kg CO_2e/kg
聚乙烯管		3.60 kg CO_2e/kg
硬聚氯乙烯管		7.93 kg CO_2e/kg
聚苯乙烯泡沫板		5020 kg CO_2et
岩棉板		1980 kg CO_2e/t
硬泡聚氨酯板		5220 kg CO_2e/t
铝塑复合板		8.06 kg CO_2e/m^2
铜塑复合板		37.1 kg CO_2e/m^2
铜单板		218 kg CO_2e/m^2
普通聚苯乙烯		4620 kg CO_2e/t
线性低密度聚乙烯		1990kg CO_2e/t
高密度聚乙烯		2620kg CO_2e/t
低密度聚乙烯		2810kg CO_2e/t
聚氯乙烯（市场平均）		7300kg CO_2e/t
自来水		0.168 kg CO_2e/t

数据来源：《建筑碳排放计算标准 GB/T 51366－2019》附录 D。

附录六：常用施工机械台班能源用量

序号	机械名称	性能规格		能源用量		
				汽油（kg）	柴油（kg）	电（kWh）
1	履带式推土机	功率	75kW	—	56.50	—
2			105 kW	—	60.80	—
3			135 kW	—	66.80	—
4	履带式单斗液压挖掘机	斗容量	$0.6m^3$	—	33.68	—
5			$1m^3$	—	63.00	—
6	轮胎式装载机	斗容量	$1m^3$	—	52.73	—
7			$1.5m^3$	—	58.75	—
8	钢轮内燃压路机	工作质量	8t	—	19.79	—
9			15t	—	42.95	—
10	电动夯实机	夯击能量	250N·m	—	—	16.6
11	强夯机械	夯击能量	1200kN·m	—	32.75	—
12			2000kN·m	—	42.76	—
13			3000kN·m	—	55.27	—
14			4000kN·m	—	58.22	—
15			5000kN·m	—	81.44	—
16	锚杆钻孔机	锚杆直径	32mm	—	69.72	—
17	履带式柴油打桩机	冲击质量	2.5t	—	44.37	—
18			3.5t	—	47.94	—
19			5t	—	53.93	—
20			7t	—	57.40	—
21			8t	—	59.14	—

续表

序号	机械名称	性能规格		能源用量		
				汽油（kg）	柴油（kg）	电（kWh）
22	轨道式柴油打桩机	冲击质量	3.5t	—	56.90	—
23			4t	—	61.70	—
24	步履式柴油打桩机	功率	60kW	—	—	336.87
25	振动沉拔桩机	激振力	300kN	—	17.43	—
26			400kN	—	24.90	—
27	静力压桩机	压力	900kN	—	—	91.81
28			2000kN	—	77.76	—
29			3000kN	—	85.26	—
30			4000kN	—	96.25	—
31	汽车式钻机	孔径	1000mm	—	48.80	—
32	回旋钻机	孔径	800mm	—	—	142.5
33			1000mm	—	—	163.72
34			1500mm	—	—	190.72
35	螺旋钻机	孔径	600mm	—	—	181.27
36	冲孔钻机	孔径	1000mm	—	—	40.00
37	履带式旋挖钻机	孔径	1000mm	—	146.56	—
38			1500mm	—	164.32	—
39			2000mm	—	172.32	—
40	三轴搅拌桩基	轴径	650mm	—	—	126.42
41			850mm	—	—	156.42
42	电动灌浆机			—	—	16.20
43	履带式起重机	提升质量	5t	—	18.42	—
44			10t	—	23.56	—
45			15t	—	29.52	—
46			20t	—	30.75	—

续表

序号	机械名称	性能规格		能源用量		
				汽油（kg）	柴油（kg）	电（kWh）
47	履带式起重机	提升质量	25t	—	36.98	—
48			30t	—	41.61	—
49			40t	—	42.46	—
50			50t	—	44.03	—
51			60t	—	47.17	—
52	轮胎式起重机	提升质量	25t	—	46.26	—
53			40t	—	62.76	—
54			50t	—	64.76	—
55	汽车式起重机	提升质量	8t	—	28.43	—
56			12t	—	30.55	—
57			16t	—	35.85	—
58			20t	—	38.41	—
59			30t	—	42.14	—
60			40t	—	48.52	—
61	叉式起重机	提升质量	3t	26.46	—	—
62	自升式塔式起重机	提升质量	400t	—	—	164.31
63			60t	—	—	166.29
64			800t	—	—	169.16
65			1000t	—	—	170.02
66			2500t	—	—	266.04
67			3000t	—	—	295.60
68	门式起重机	提升质量	10t	—	—	88.29
69	载重汽车	装载质量	4t	25.48	—	—
70			6t	—	33.24	—
71			8t	—	35.49	—
72			12t	—	46.27	—
73			15t	—	56.74	—
74			20t	—	62.56	—

续表

序号	机械名称	性能规格			能源用量		
					汽油（kg）	柴油（kg）	电（kWh）
75	自卸汽车	装载质量	5t		31.34	—	—
76	自卸汽车	装载质量	15t		—	52.93	—
77	平板拖车组	装载质量	20t		—	45.39	—
78	机动翻斗车	装载质量	1t		—	6.03	—
79	洒水车	灌容量	4000L		30.21	—	—
80	泥浆罐车	灌容量	5000L		31.57	—	—
81	电动单筒快速卷扬机	牵引力	10kN		—	—	32.90
82	电动单筒慢速卷扬机	牵引力	10kN		—	—	126.00
83	电动单筒慢速卷扬机	牵引力	30kN		—	—	28.76
84	单笼施工电梯	提升质量1t	提升高度	75m	—	—	42.32
85	单笼施工电梯	提升质量1t	提升高度	100m	—	—	45.66
86	双笼施工电梯	提升质量2t	提升高度	100m	—	—	81.86
87	双笼施工电梯	提升质量2t	提升高度	200m	—	—	159.94
88	平台作业升降车	提升高度	20m		—	48.25	
89	涡浆式混凝土搅拌机	出料容量	250L		—	—	34.10
90	涡浆式混凝土搅拌机	出料容量	500L		—	—	107.71
91	双锥反转出料混凝土搅拌机	出料容量	500L		—	—	55.04
92	混凝土输送泵	输送量	$45m^3/h$		—	—	243.46
93	混凝土输送泵	输送量	$75m^3/h$		—	—	367.96
94	混凝土湿喷机	生产率	$5m^3/h$		—	—	15.40
95	灰浆搅拌机	拌筒容量	200L		—	—	8.61
96	干混砂浆罐式搅拌机	公称储量	20000L		—	—	28.51
97	挤压式灰浆输送泵	输送量	$3m^3/h$		—	—	23.70

续表

序号	机械名称	性能规格		能源用量		
				汽油（kg）	柴油（kg）	电（kWh）
98	偏心振动筛	生产率	$16m^3/h$	—	—	28.60
99	混凝土抹平机	功率	5.5kW	—	—	23.14
100	钢筋切断机	直径	40mm	—	—	32.10
101	钢筋弯曲机	直径	40mm	—	—	12.80
102	预应力钢筋拉伸机	拉伸力	650kN	—	—	17.25
103			900kN	—	—	29.16
104	木工圆锯机	直径	500mm	—	—	24.00
105	木工平刨床	刨削宽度	500mm	—	—	12.90
106	木工三面压刨床	刨削宽度	400mm	—	—	52.40
107	木工榫机	榫头长度	160mm	—	—	27.00
108	木工打眼机	榫槽宽度	—	—	—	4.7
109	普通车床	工件直径×工件长度	400mm×2000mm	—	—	22.77
110	摇臂钻床	钻孔直径	50mm	—	—	9.87
111			63mm	—	—	17.07
112	锥形螺纹车丝机	直径	45mm	—	—	9.24
113	螺栓套丝机	直径 mm	—	—	—	25.00
114	板料校平机	厚度×宽度	16mm×2000mm	—	—	120.60
115	刨边机	加工长度	12000mm	—	—	75.90
116	半自动切割机	厚度	100mm	—	—	98.00
117	自动仿形切割机	厚度	60mm	—	—	59.35
118	管子切断机	管径	150mm	—	—	12.90
119			250mm	—	—	22.50
120	型钢剪断机	剪断宽度	500mm	—	—	53.20
121	型钢矫正机	厚度×宽度	60mm×800mm	—	—	64.20
122	电动弯管机	管径	108mm	—	—	32.10

续表

序号	机械名称	性能规格		能源用量		
				汽油（kg）	柴油（kg）	电（kWh）
123	液压弯管机	管径	60mm	—	—	27.00
124	空气锤	锤体质量	75kg	—	—	24.20
125	摩擦压力机	压力	3000kN	—	—	96.50
126	开式可倾压力机	压力	1250kN	—	—	35.00
127	钢筋挤压连接机	直径	—	—	—	15.94
128	电动修钎机	—	—	—	—	100.80
129	岩石切割机	功率	3kW	—	—	11.28
130	平面水磨机	功率	3kW	—	—	14.00
131	喷砂除锈机	能力	$3m^3/min$	—	—	28.41
132	抛丸除锈机	直径	219mm	—	—	34.26
133	内燃单级离心清水泵	出口直径	50mm	3.36	—	—
134	电动多级离心清水泵	出口直径 100mn	扬程 120m 以下	—	—	180.4
135		出口直径 150mn	扬程 180m 以下	—	—	302.60
136		出口直径 200mn	扬程 280m 以下	—	—	354.78
137	泥浆泵	出口直径	50mm	—	—	40.90
138		出口直径	100mm	—	—	234.60
139	潜水泵	出口直径	50mm	—	—	20.00
140			100mm	—	—	25.00
141	高压油泵	压力	80MPa	—	—	209.67
142	交流弧焊机	容量	21 kV·A	—	—	60.27
143			32 kV·A	—	—	96.53
144			40 kV·A	—	—	132.23
145	点焊机	容量	75 kV·A	—	—	154.63
146	对焊机	容量	75 kV·A	—	—	122.00
147	氩弧焊机	电流	500A	—	—	70.70

续表

序号	机械名称	性能规格		能源用量		
				汽油（kg）	柴油（kg）	电（kWh）
148	二氧化碳气体保护焊机	电流	250A	—	—	24.50
149	电渣焊机	电流	1000A	—	—	147.00
150	电焊条烘干箱	容量	45×35×45（cm^3）	—	—	6.70
151	电动空气压缩机	排气量	0.3m^3/min	—	—	16.10
152			0.6m^3/min	—	—	24.20
153			1m^3/min	—	—	40.30
154			3m^3/min	—	—	107.50
155			6m^3/min	—	—	215.00
156			9m^3/min	—	—	350.00
157			10m^3/min	—	—	403.20
158	导杆式液压抓斗成槽机	—	—	—	163.39	—
159	超声波侧壁机	—	—	—	—	36.85
160	泥浆制作循环设备	—	—	—	—	503.90
161	锁扣管顶升机	—	—	—	—	64.00
162	工程地质液压	—	—	—	30.80	—
163	轴流通风机	功率	7.5kW	—	—	40.30
164	吹风机	能力	4m^3/min	—	—	6.98
165	井点降水钻机	—	—	—	—	5.70

数据来源：《建筑碳排放计算标准 GB/T 51366－2019》附录 C。

附录七：废弃物焚烧处理碳排放因子以及来源

碳排放因子	简写	范围		推荐值	数据来源
废弃物碳含量	CCWi	城市生活垃圾	（湿）33%—35%	20%	调查和专家判断
		危险废弃物	（湿）1%—95%	1	专家判断
		污泥	（干物质）10%—40%	30%	IPCC 指南
矿物碳在碳总量中的百分比	FCFi	城市生活垃圾	30%—50%	39%	全国平均值
		危险废弃物	90%—100%	90%	专家判断
		污泥	0%	0%	注：生物成因
燃烧效率	EFi	城市生活垃圾	95%—99%	95%	专家判断
		危险废弃物	95%—99.5%	97%	
		污泥	95%	95%	

数据来源：《省级温室气体清单编制指南（试行）》第五章废弃物处理表5.5。

附录八：国际碳抵消机制与我国碳抵消机制的归纳和对比

地域	交易机制		碳核证减排量单位	解释	项目类型
国际强制性减排	基于配额的碳交易市场机制（碳交易）	国际足迹权交易 International Emission Trading（IET）	Assigned Amount Unit（AAU）	缔约国将超额完成的减排量转让给未完成减排的其他缔约国国家	缔约国之间碳配额交易
	基于项目的碳交易市场机制（碳信用）	清洁发展机制 Clean Development Mechanism（CDM）	Certified Emission Reduction（CER）	缔约国提供资金和技术与非缔约国（发展中国家）开展项目级合作，用于缔约国减排	经过核证的各种缔约国—非缔约国间的项目
		联合履行机制 Joint Implementation（JI）	Emission Reduction Unit（ERU）	缔约国间通过双边项目级合作转让减排单位	经过核证的各种缔约国—缔约国间的项目

续表

地域	交易机制		碳核证减排量单位	解释	项目类型
国际自愿性减排	基于项目的自愿减排市场交易机制[1]（碳信用）	自愿减排额交易 Voluntary emission reduction（VER）	减排量按照不同的减排标准核算，如 VCS、GS、VER + 等	企业、个人、政府、非政府组织都可以购买	可再生利用能源、能效提高和燃料转换、农业甲烷利用、煤矿甲烷利用、垃圾填埋气利用、森林碳汇、臭氧消除物质化解、其他 CDM 接受的项目等
我国强制性减排	基于配额的我国碳交易市场机制（碳交易）	全国碳足迹权交易机制	EA 碳足迹权配额	试点行业企业间配额转让	我国试点行业内碳配额交易
		各省试点市场碳足迹权交易机制	EA 碳足迹权配额	各省范围内企业间配额转让	各省规定行业范围内碳配额交易
我国自愿性减排	基于项目的碳交易市场机制（碳信用）	中国温室气体自愿减排交易机制	Chinese Certified Emission Reduction（CCER）中国核证自愿减排量	企业、个人、政府、非政府组织都可以购买	风电、光伏、垃圾焚烧、秸秆发电、沼气发电、森林碳汇等
			地方政府认可的自愿减排量和林业碳普惠项目（非核证）	非排控企业、个人、政府、非政府组织都可以购买	经地方政府认可的项目

注：“1”表示不属于京都协议体制内但与 CDM 平行的交易市场，是对 CDM 项目的补充，细分为 CCX（自愿但受法律约束的场内交易市场）和 OTC（自愿且不受法律约束的场外交易市场）。

附录九：我国会展活动碳中和案例

年月	会展活动名称	活动地点	碳抵消方式	碳抵消详情
2021 年 8 月	鹰潭市月湖区 2021 年公共机构能源资源消费统计暨“碳达峰、碳中和”专题培训会	江西省鹰潭市月湖区	林业碳汇项目	通过林业碳汇项目抵消会议和个人所产生的碳足迹 83 千克
2021 年 8 月	石城县农业农村局全体干部职工大会	江西省赣州市石城县	林业碳汇项目	通过林业碳汇项目抵消个人所产生的碳足迹 96 千克
2021 年 8 月	2021 年全省造林绿化培训班	江西省吉安市安福县	林业碳汇项目	通过林业碳汇项目抵消会议和个人所产生的碳足迹 4 吨
2021 年 7 月	宜春市生态环境局长座谈会暨党风廉政建设工作推进会议	江西省宜春市	林业碳汇项目	通过林业碳汇项目抵消个人所产生的碳足迹 634 千克
2021 年 7 月	袁州区重点涉水、涉气企业加强在线监控数据管理工作部署会议	江西省宜春市袁州区	林业碳汇项目	通过林业碳汇项目抵消会议和个人所产生的碳足迹 150 千克

续表

年月	会展活动名称	活动地点	碳抵消方式	碳抵消详情
2021 年 7 月	武宁县公共机构节能统计报送工作暨节约型机关创建培训会	江西省九江市武宁县	林业碳汇项目	通过林业碳汇项目抵消个人所产生的碳足迹 199 千克
2021 年 7 月	抚州东临新区管委会能耗统计系统业务培训	江西省抚州市	林业碳汇项目	通过林业碳汇项目抵消个人所产生的碳足迹 254 千克
2021 年 7 月	民盟江西省委会反映社情民意信息工作座谈会	江西省南昌市	林业碳汇项目	通过林业碳汇项目抵消会议所产生的碳足迹 724 千克
2021 年 7 月	南康区 2021 年公共机构节能工作会议暨业务培训会	江西省赣州市	林业碳汇项目	通过林业碳汇项目抵消会议和个人所产生的碳足迹 253 千克
2021 年 7 月	民进赣州市委会节能知识培训会	江西省赣州市	林业碳汇项目	通过林业碳汇项目抵消会议和个人所产生的碳足迹 41 千克
2021 年 7 月	崇义县 2021 年公共机构节能工作会议暨数据会审	江西省赣州市	林业碳汇项目	通过林业碳汇项目抵消会议和个人所产生的碳足迹 210 千克
2021 年 7 月	木兰乡 2021 年公共机构节能工作会议	江西省赣州市石城县	林业碳汇项目	通过林业碳汇项目抵消个人所产生的碳足迹 133 千克
2021 年 7 月	上犹县 2021 年公共机构节能业务培训暨能源资源数据会审工作会议	江西省赣州市上犹县	林业碳汇项目	通过林业碳汇项目抵消会议和个人所产生的碳足迹 364 千克

续表

年月	会展活动名称	活动地点	碳抵消方式	碳抵消详情
2021 年 7 月	定南县 2021 年度公共机构节能业务培训暨数据集中会审会议	江西省赣州市定南县	林业碳汇项目	通过林业碳汇项目抵消会议和个人所产生的碳足迹 185 千克
2021 年 7 月	龙岗乡 2021 年公共机构节能工作会议	江西省赣州市石城县	林业碳汇项目	通过林业碳汇项目抵消个人所产生的碳足迹 34 千克
2021 年 7 月	“双碳”目标引领下节能减碳工作研讨会	江西省南昌市	林业碳汇项目	通过林业碳汇项目抵消会议所产生的碳足迹 7.8 吨
2021 年 7 月	赣州市营造林矢量化管理技术培训	江西省赣州市	林业碳汇项目	通过林业碳汇项目抵消会议所产生的碳足迹 423 千克
2021 年 7 月	大余县 2021 年公共机构节能培训暨数据会审工作	江西省赣州市	林业碳汇项目	通过林业碳汇项目抵消会议和个人所产生的碳足迹 464 千克
2021 年 7 月	宁都县 2021 年公共机构节能业务培训及能源资源消费数据集中会审会议	江西省赣州市	林业碳汇项目	通过林业碳汇项目抵消会议和个人所产生的碳足迹 134 千克
2021 年 7 月	南康区家具企业 VOCs 整治工作座谈会	江西省赣州市	林业碳汇项目	通过林业碳汇项目抵消会议和个人所产生的碳足迹 100 千克
2021 年 7 月	宜春市参加全国消耗臭氧层物质淘汰管理在线培训班	江西省宜春市	林业碳汇项目	通过林业碳汇项目抵消会议和个人所产生的碳足迹 563 千克

续表

年月	会展活动名称	活动地点	碳抵消方式	碳抵消详情
2021 年 7 月	石城县公共机构节能培训暨能源资源数据会审会议	江西省赣州市石城县	林业碳汇项目	通过林业碳汇项目抵消会议和个人所产生的碳足迹 284 千克
2021 年 7 月	龙南市 2021 年公共机构节能工作会议暨业务培训会	江西省龙南市	林业碳汇项目	通过林业碳汇项目抵消个人所产生的碳足迹 392 千克
2021 年 7 月	赣州市救助管理站 2021 年公共机构节能知识专题培训会	江西省赣州市	林业碳汇项目	通过林业碳汇项目抵消个人所产生的碳足迹 13 千克
2021 年 7 月	高铁沿线森林质量改造提升现场调度会	江西省赣州市	林业碳汇项目	通过林业碳汇项目抵消会议所产生的碳足迹 105 千克
2021 年 7 月	乐平市公共机构节能统计培训会	江西省乐平市	林业碳汇项目	通过林业碳汇项目抵消会议和个人所产生的碳足迹 94 千克
2021 年 7 月	瑞金市 2021 年公共机构节能业务培训暨能源资源数据会审工作	江西省瑞金市	林业碳汇项目	通过林业碳汇项目抵消会议和个人所产生的碳足迹 305 千克
2021 年 7 月	2021 江西森林旅游节	江西省宜春市靖安县	林业碳汇项目	通过购买崇义县脱贫地区林业碳汇项目抵消会议产生的 294.5 吨碳足迹
2021 年 7 月	青岛市绿色城市建设发展试点推进会暨第一届中国（青岛）“绿色城市”高端研讨会	山东省青岛市	CCER 项目	通过购买 CCER 项目抵消会议所产生的 22 吨碳足迹

续表

年月	会展活动名称	活动地点	碳抵消方式	碳抵消详情
2021 年 7 月	第 44 届世界遗产大会	福建省福州市	林业碳汇项目	通过购买泰宁县衫阳山区综合开发有限责任公司位于大田乡的 197 亩林业碳汇项目抵消会议所产生的 200 吨碳足迹
2021 年 6 月	赣州市市场监督管理局 2021 年公共机构节能工作培训会	江西省赣州市	林业碳汇项目	通过林业碳汇项目抵消个人所产生的碳足迹 43 千克
2021 年 6 月	2021 年江西省市场监督管理局节能统计暨《公共机构能耗定额》标准宣贯培训班	江西省南昌市	林业碳汇项目	通过林业碳汇项目抵消会议和个人所产生的碳足迹 801 千克
2021 年 6 月	浮梁县 2021 年公共机构节能统计暨节约型机关创建培训会	江西省景德镇市	林业碳汇项目	通过林业碳汇项目抵消个人所产生的碳足迹 321 千克
2021 年 6 月	南方红军三年游击战争纪念馆预展	江西省赣州市	林业碳汇项目	通过林业碳汇项目抵消会议所产生的碳足迹 2 吨
2021 年 6 月	寻乌县 2021 年公共机构节能工作会议暨全县数据会审工作会	江西省赣州市	林业碳汇项目	通过林业碳汇项目抵消会议和个人所产生的碳足迹 494 千克
2021 年 6 月	赣州市退役军人事务局 2021 年公共机构节能会议	江西省赣州市	林业碳汇项目	通过林业碳汇项目抵消会议和个人所产生的碳足迹 29 千克
2021 年 6 月	江西省广播电视局公共机构节能培训班	江西省南昌市	林业碳汇项目	通过林业碳汇项目抵消会议所产生的碳足迹 98 千克

续表

年月	会展活动名称	活动地点	碳抵消方式	碳抵消详情
2021 年 6 月	赣州市民政局 2021 年公共机构节能工作培训会	江西省赣州市	林业碳汇项目	通过林业碳汇项目抵消会议和个人所产生的碳足迹 15 千克
2021 年 6 月	赣州经开区 2021 年公共机构节能工作培训会暨能源资源数据会审	江西省赣州市	林业碳汇项目	通过林业碳汇项目抵消会议和个人所产生的碳足迹 331 千克
2021 年 6 月	省住建厅公共机构节能工作暨培训会议	江西省南昌市	林业碳汇项目	通过林业碳汇项目抵消会议和个人所产生的碳足迹 133 千克
2021 年 6 月	赣州市农业农村局公共机构节能业务培训会	江西省赣州市	林业碳汇项目	通过林业碳汇项目抵消会议和个人所产生的碳足迹 33 千克
2021 年 6 月	第四届国家生态文明试验区建设（江西）论坛	江西省九江市	林业碳汇项目	通过林业碳汇项目抵消会议和个人所产生的碳足迹 26 吨
2021 年 6 月	赣州市自然资源局公共机构节能统计员培训会	江西省赣州市	林业碳汇项目	通过林业碳汇项目抵消会议和个人所产生的碳足迹 32 千克
2021 年 6 月	赣州蓉江新区公共机构节能业务培训	江西省赣州市	林业碳汇项目	通过林业碳汇项目抵消会议和个人所产生的碳足迹 144 千克
2021 年 6 月	赣州市交通运输局公共机构节能业务培训	江西省赣州市	林业碳汇项目	通过林业碳汇项目抵消会议和个人所产生的碳足迹 21 千克

续表

年月	会展活动名称	活动地点	碳抵消方式	碳抵消详情
2021 年 6 月	赣州市审计局 2021 年节能降耗培训会议	江西省赣州市	林业碳汇项目	通过林业碳汇项目抵消个人所产生的碳足迹 251 千克
2021 年 6 月	十九届五中全会精神暨党史学习教育专题培训班	江西省鹰潭市	林业碳汇项目	通过林业碳汇项目抵消个人所产生的碳足迹 144 千克
2021 年 6 月	省农业农村厅公共机构能源资源和生态环境保护工作会议	江西省南昌市	林业碳汇项目	通过林业碳汇项目抵消个人所产生的碳足迹 711 千克
2021 年 6 月	2021 年江西省生态环境厅公共机构节能统计暨节约型机关创建培训会	江西省南昌市	林业碳汇项目	通过林业碳汇项目抵消个人所产生的碳足迹 247 千克
2021 年 6 月	赣州市文化馆零碳会议培训会	江西省赣州市	林业碳汇项目	通过林业碳汇项目抵消个人所产生的碳足迹 19 千克
2021 年 6 月	2021 年新余市公共机构节能工作会议暨“碳达峰、碳中和”专题讲座	江西省新余市	林业碳汇项目	通过林业碳汇项目抵消个人所产生的碳足迹 292 千克
2021 年 6 月	赣州市文广新旅局 2021 年公共机构节能工作会议暨业务培训	江西省赣州市	林业碳汇项目	通过林业碳汇项目抵消个人所产生的碳足迹 46 千克
2021 年 6 月	江西省生态环境厅党组理论学习中心组扩大学习会专家授课	江西省南昌市	林业碳汇项目	通过林业碳汇项目抵消个人所产生的碳足迹 66 千克

续表

年月	会展活动名称	活动地点	碳抵消方式	碳抵消详情
2021 年 6 月	2021 年景德镇市公共机构节能统计暨节约型机关创建培训会	江西省景德镇市	林业碳汇项目	通过林业碳汇项目抵消个人所产生的碳足迹 655 千克
2021 年 6 月	赣州市林业局 2021 年公共机构节能知识培训	江西省赣州市	林业碳汇项目	通过林业碳汇项目抵消会议和个人所产生的碳足迹 36 千克
2021 年 6 月	江西省文化和旅游厅公共机构节能统计暨能耗定额管理培训会	江西省南昌市	林业碳汇项目	通过林业碳汇项目抵消个人所产生的碳足迹 143 千克
2021 年 6 月	赣州市 2021 年公共机构节能工作会议暨数据会审工作	江西省赣州市	林业碳汇项目	通过林业碳汇项目抵消个人所产生的碳足迹 894 千克
2021 年 6 月	2021 年江西省地质局公共机构节能工作部署暨业务培训会	江西省赣州市	林业碳汇项目	通过林业碳汇项目抵消个人所产生的碳足迹 1 吨
2021 年 6 月	2021 年江西省卫生健康委员会公共机构能耗统计培训会	江西省南昌市	林业碳汇项目	通过林业碳汇项目抵消个人所产生的碳足迹 19 千克
2021 年 6 月	赣州市六五环境日暨“碳达峰、碳中和”宣传活动	江西省赣州市	林业碳汇项目	通过林业碳汇项目抵消个人所产生的碳足迹 612 千克
2021 年 6 月	“6・5”环境日“限塑禁塑”主题宣传活动	江西省赣州市	林业碳汇项目	通过林业碳汇项目抵消会议和个人所产生的碳足迹 114 千克

续表

年月	会展活动名称	活动地点	碳抵消方式	碳抵消详情
2021 年 6 月	崇义县生态环境保护委员会办公室 2021 年第一次会议暨全县生态环境保护工作业务培训会议	江西省赣州市	林业碳汇项目	通过林业碳汇项目抵消个人所产生的碳足迹 145 千克
2021 年 6 月	江西省生态文明建设成就展示暨 6 · 5 环境日现场宣传活动	江西省南昌市红谷滩区	林业碳汇项目	通过林业碳汇项目抵消会议和个人所产生的碳足迹 1988 千克
2021 年 6 月	2021 景德镇市纪念六五世界环境日活动	江西省景德镇市	林业碳汇项目	通过购买江西省脱贫地区林业碳汇抵消活动期间所产生的碳足迹
2021 年 6 月	第二届中国资产管理武夷峰会	福建省南平市	林业碳汇项目	通过购买福建林业碳汇抵消会议所产生的碳足迹
2021 年 6 月	2021 年公共机构节能统计暨能耗定额管理培训会	江西省南昌市	林业碳汇项目	通过购买江西安吉林业碳汇抵消会议碳足迹 143 千克
2021 年 5 月	江西省生态环境厅党组理论学习中心组（扩大）学习会	江西省南昌市	林业碳汇项目	通过林业碳汇项目抵消个人所产生的碳足迹 68 千克
2021 年 5 月	中国东方资产江西省分公司特殊资产专场推介会	江西省南昌市	林业碳汇项目	通过林业碳汇项目抵消会议和个人所产生的碳足迹 696 千克
2021 年 5 月	信丰县危险废物专项排查整治工作布置和业务培训会	江西省赣州市	林业碳汇项目	通过林业碳汇项目抵消个人所产生的碳足迹 1033 千克

续表

年月	会展活动名称	活动地点	碳抵消方式	碳抵消详情
2021 年 5 月	关于矿山开发整治专项行动工作部署安排会议	江西省赣州市	林业碳汇项目	通过林业碳汇项目抵消个人所产生的碳足迹 354 千克
2021 年 5 月	2021 年全省应对气候变化能力建设培训会	江西省新余市	林业碳汇项目	通过林业碳汇项目抵消会议和个人所产生的碳足迹 1.8 吨
2021 年 5 月	厦门大学江西校友会庆祝母校百年华诞暨 2021 年年会	江西省南昌市	林业碳汇项目	通过林业碳汇项目抵消会议和个人所产生的碳足迹 2.2 吨
2021 年 5 月	“光大服务季南昌站”活动	江西省南昌市	林业碳汇项目	通过林业碳汇项目抵消会议所产生的碳足迹 20 吨
2021 年 5 月	全国生态综合补偿试点工作现场会	江西省赣州市	林业碳汇项目	通过林业碳汇项目抵消会议和个人所产生的碳足迹 29 吨
2021 年 5 月	2021 崇义 100 国际越野赛上堡梯田景区赛段	江西省赣州市	林业碳汇项目	通过林业碳汇项目抵消会议所产生的碳足迹 203 千克
2021 年 5 月	2021 江西省公共机构节能统计暨节约型机关创建培训班	江西省南昌市	林业碳汇项目	通过购买江西省脱贫地区林业碳汇抵消活动期间所产生的 3.8 吨碳足迹
2021 年 5 月	2021 年公共机构节能工作专题培训会	四川省成都市	CCER 项目	通过购买 CCER 项目抵消会议所产生的 3.3 吨碳足迹

续表

年月	会展活动名称	活动地点	碳抵消方式	碳抵消详情
2021 年 4 月	赣州市南康区 2021 年大气专委会工作研讨会	江西省赣州市	林业碳汇项目	通过林业碳汇项目抵消会议和个人所产生的碳足迹 26 千克
2021 年 4 月	南城县排污许可证业务培训会	江西省抚州市	林业碳汇项目	通过林业碳汇项目抵消会议和个人所产生的碳足迹 146 千克
2021 年 4 月	南城县 2021 年排污许可证业务培训会	江西省抚州市	林业碳汇项目	通过林业碳汇项目抵消会议和个人所产生的碳足迹 447 千克
2021 年 4 月	2021 年全省医疗保障系统全面从严治党工作会议	江西省南昌市	林业碳汇项目	通过林业碳汇项目抵消会议和个人所产生的碳足迹 40 吨
2021 年 4 月	高铁沿线增绿复绿工作座谈会	江西省赣州市	林业碳汇项目	通过林业碳汇项目抵消会议所产生的碳足迹 21 千克
2021 年 4 月	赣州市生态环境保护工作会议	江西省赣州市	林业碳汇项目	通过林业碳汇项目抵消个人所产生的碳足迹 227 千克
2021 年 4 月	崇仁县企业培训会议	江西省抚州市	林业碳汇项目	通过林业碳汇项目抵消会议和个人所产生的碳足迹 138 千克
2021 年 4 月	绿色金融改革创新试验区第四次联席会议	江西省南昌市	林业碳汇项目	通过林业碳汇项目抵消会议所产生的碳足迹 62 吨

续表

年月	会展活动名称	活动地点	碳抵消方式	碳抵消详情
2021 年 4 月	2021 年江西省医疗保障系统全面从严治党工作视频会议	江西省南昌市	VCS 项目	通过购买江西南丰林业碳汇抵消会议所产生的 39 千克碳足迹
2021 年 4 月	甘肃省碳达峰碳中与绿色金融发展战略研讨会	甘肃省兰州市	暂无	暂无
2021 年 4 月	《排污许可管理条例》企业培训会	重庆市北碚区	林业碳汇项目	通过购买林业碳汇抵消会议产生的 3.63 吨碳足迹
2021 年 3 月	萍乡市上栗生态环境局党史学习教育动员会	江西省萍乡市	林业碳汇项目	通过林业碳汇项目抵消个人所产生的碳足迹 35 千克
2021 年 3 月	石城县生态环境保护委员会 2021 年第二次全体会议	江西省赣州市	林业碳汇项目	通过林业碳汇项目抵消个人所产生的碳足迹 438 千克
2021 年 3 月	上犹县生态环境保护委员会 2021 年第一次全体会议	江西省赣州市	林业碳汇项目	通过林业碳汇项目抵消个人所产生的碳足迹 72 千克
2021 年 3 月	观看廉政警示教育片《迷失的初心》	江西省南昌市	林业碳汇项目	通过林业碳汇项目抵消个人所产生的碳足迹 81 千克
2021 年 3 月	赣江新区 2021 年度环保培训班	江西省宜春市	林业碳汇项目	通过林业碳汇项目抵消会议和个人所产生的碳足迹 1368 千克

续表

年月	会展活动名称	活动地点	碳抵消方式	碳抵消详情
2021 年 3 月	九江市 2021 年应对气候能力建设培训班	江西省九江市	林业碳汇项目	通过林业碳汇项目抵消个人所产生的碳足迹 81 千克
2021 年 3 月	兴国县生态环境保护工作会议暨县生态环境保护委员会 2021 年第一次全体会议	江西省赣州市	林业碳汇项目	通过林业碳汇项目抵消个人所产生的碳足迹 29 千克
2021 年 3 月	九江市二氧化碳排放达峰行动方案编制工作视频会	江西省九江市	林业碳汇项目	通过林业碳汇项目抵消个人所产生的碳足迹 21 千克
2021 年 3 月	2021 年抚州市生态环境保护工作会议	江西省抚州市	林业碳汇项目	通过林业碳汇项目抵消个人所产生的碳足迹 38 千克
2021 年 3 月	永丰县生态环境保护委员会 2021 年度第一次全体会议	江西省吉安市	林业碳汇项目	通过林业碳汇项目抵消个人所产生的碳足迹 154 千克
2021 年 3 月	2021 年鹰潭市生态环境系统全面从严治党工作会议	江西省鹰潭市	林业碳汇项目	通过林业碳汇项目抵消个人所产生的碳足迹 61 千克
2021 年 3 月	江西省公共机构能源资源消费统计数据会审工作会暨公共机构会议	江西省南昌市	林业碳汇项目	通过购买抚州市南丰县林业碳汇减排量抵消会议产生的 2.1 吨碳足迹
2021 年 2 月	江西省产权交易所一届五次职工大会暨 2021 年工作会议	江西省南昌市	林业碳汇项目	通过林业碳汇项目抵消个人所产生的碳足迹 1986 千克

续表

年月	会展活动名称	活动地点	碳抵消方式	碳抵消详情
2021 年 2 月	江西省生态环境科学研究与规划院全院职工大会	江西省南昌市	林业碳汇项目	通过林业碳汇项目抵消个人所产生的碳足迹 199 千克
2021 年 2 月	2021 年全省生态环境保护工作会议、2021 年全省生态环境系统全面从严治党视频会议	江西省南昌市	林业碳汇项目	通过林业碳汇项目抵消个人所产生的碳足迹 815 千克
2021 年 2 月	江西省生态环境厅新时代新知识集体学习视频会	江西省南昌市	林业碳汇项目	通过林业碳汇项目抵消个人所产生的碳足迹 212 千克
2021 年 1 月	顺昌县十六届人大五次会议、政协十届五次会议	福建省南平市顺昌县	其他项目	通过购买“一元碳汇”24070 千克碳汇抵消两次会议共计 16989.96 千克碳足迹
2020 年 12 月	涂装、印刷、化工、橡塑行业 VOCs 污染防治工作现场会	福建省厦门市沧海区	林业碳汇项目	通过购买福建金森林业抵消会议产生的 352 千克碳足迹
2020 年 12 月	兴文县十三届三次党代会	四川省宜宾市兴文县	林业碳汇项目	通过种植碳汇竹林 20 亩抵消碳足迹 6.8 吨
2020 年 11 月	首届江西林业产业博览会	江西省南昌市	林业碳汇项目	通过购买江西省新华林场 266 亩湿地松抵消会议产生的 2928 吨碳足迹
2020 年 11 月	国际双循环与海南自贸港家族资本融合年度论坛	海南省海口市	CCER 项目	通过购买 CCER 项目抵消会议所产生的碳足迹

续表

年月	会展活动名称	活动地点	碳抵消方式	碳抵消详情
2020 年 11 月	重庆市企业低碳管理能力建设培训会	重庆市	其他项目	通过重庆市“碳汇 +”项目抵消会议所产生的碳足迹
2020 年 10 月	浙江省公共机构节能管理干部培训班	浙江省嘉兴市	林业碳汇项目	通过购买丽水林业碳汇抵消会议所产生的 60.36 吨碳足迹
2020 年 10 月	第三届数字中国峰会	福建省福州市	林业碳汇项目	通过购买顺昌林场碳汇抵消会议所产生的 872 吨碳足迹
2020 年 10 月	南昌市赣州商会赣县分会第一届会员代表大会	江西省南昌市	林业碳汇项目	通过林业碳汇项目抵消会议所产生的碳足迹 2.2 吨
2020 年 9 月	江西省应对气候变化能力建设会议	江西省南昌市	林业碳汇项目	通过林业碳汇项目抵消会议所产生的碳足迹 2 吨
2020 年 6 月	“全国低碳日”暨“兴家风、淳民风、正社风”绿色骑行主题活动	江西省南昌市	林业碳汇项目	通过林业碳汇项目抵消会议所产生的碳足迹 698 千克
2019 年 12 月	海南岛国际电影节	海南省三亚市	林业碳汇项目	通过种植碳汇林抵消会议所产生的碳足迹 61.5 吨
2019 年 12 月	美丽中国“江西样板”院士论坛	江西省南昌市	林业碳汇项目	通过林业碳汇项目抵消会议所产生的碳足迹 27 吨

续表

年月	会展活动名称	活动地点	碳抵消方式	碳抵消详情
2019 年 11 月	中国基金会发展论坛·2019 年会	福建省福州市	林业碳汇项目	通过种植碳汇林 25 亩抵消会议所产生的碳足迹 371 吨
2019 年 11 月	全球青年创新集训营	广东省深圳市	林业碳汇项目	通过种植碳汇林 86 亩抵消会议所产生的碳足迹 576 吨
2019 年 11 月	2019 杭州马拉松碳中和项目	浙江省杭州市	林业碳汇项目	通过种植碳汇林 100 亩抵消会议所产生的碳足迹 1347.5 吨
2019 年 10 月	第二届紫竹国家高新技术产业开发区可持续发展论坛	上海市	林业碳汇项目	通过种植碳汇林 5 亩抵消会议所产生的碳足迹
2019 年 10 月	2019 年江西省国有资产交易研讨会	江西省南昌市	林业碳汇项目	通过林业碳汇项目抵消会议所产生的碳足迹 33 吨
2019 年 10 月	2019 国际生态环境新技术大会	南京国际博览中心	林业碳汇项目	通过种植碳汇林 25 亩抵消会议所产生的碳足迹 462 吨
2019 年 10 月	江西生态文明试验区建设专题培训班	江西省宜春市	林业碳汇项目	通过林业碳汇项目抵消会议所产生的碳足迹 40 吨
2019 年 6 月	第七届全国低碳日主场活动	江西省南昌市	林业碳汇项目	通过林业碳汇项目抵消会议所产生的碳足迹 163 吨

续表

年月	会展活动名称	活动地点	碳抵消方式	碳抵消详情
2019 年 4 月	2019 中国绿公司年会	甘肃省敦煌市	林业碳汇项目	通过种植碳汇林 160 亩抵消会议所产生的碳足迹 999 吨
2019 年 1 月	中国基金会发展论坛·2019 年度盛会	福建省福州市	林业碳汇项目	通过种植碳汇林 25 亩抵消会议所产生的碳足迹
2018 年 11 月	长江经济带发展论坛	江西省南昌市	VCS 项目	通过 VCS 项目抵消会议所产生的碳足迹 435 吨
2018 年 11 月	第五届世界绿色发展投资贸易博览会高峰论坛	江西省南昌市	林业碳汇项目	通过林业碳汇项目抵消会议所产生的碳足迹 667 吨
2018 年 11 月	第七届装饰纸与饰面板定制家居产业链发展峰会	山东省临沂市	林业碳汇项目	通过种植碳汇林 12 亩抵消会议所产生的碳足迹 146 吨
2018 年 10 月	2018 年欧莱雅员工飞行碳中和林项目	江西省赣州市安远县	林业碳汇项目	通过种植碳汇林 334 亩抵消会议所产生的碳足迹 8000 吨
2018 年 10 月	江西省首届绿色拍卖会暨江西省省直事业单位公车改革取消车辆首场现场网络同步拍卖会	江西省南昌市	林业碳汇项目	通过林业碳汇项目抵消会议所产生的碳足迹 2000 吨
2018 年 6 月	2018 世界竹藤大会	北京市	林业碳汇项目	通过种植碳汇林抵消会议所产生的碳足迹 1200 吨

续表

年月	会展活动名称	活动地点	碳抵消方式	碳抵消详情
2018 年 5 月	拙政园第三届零碳婚礼庆典	江苏省苏州市	林业碳汇项目	通过种植碳汇林抵消会议所产生的碳足迹 5.6 吨
2018 年 4 月	2018（第十一届）中国绿公司年会	天津市	林业碳汇项目	通过种植碳汇林 54 亩抵消会议所产生的碳足迹 201 吨
2018 年 2 月	陕西省绿色金融可持续发展高峰论坛暨欧盟 SWITCH-Asia 项目 FEES 年度展示大会	陕西省西安市高新区	CCER 项目	通过 CCER 项目抵消会议产生的碳足迹 10 吨
2017 年 12 月	第十届中国企业社会责任报告国际研讨会	北京市	CCER 项目	通过购买山东省临沂市沙沟风电项目所产生的核证减排量抵消会议所产生的碳足迹
2017 年 10 月	杭州首届低碳婚礼	浙江省杭州市	林业碳汇项目	通过种植碳汇林抵消会议所产生的碳足迹
2017 年 8 月	梅溪湖碳中和论坛暨梅溪湖碳中和联盟成立仪式	湖南省长沙市	CCER 项目	通过 CCER 项目抵消会议产生的碳足迹
2017 年 5 月	第二届“零碳婚典”	江苏省苏州市	林业碳汇项目	通过种植碳汇林 1 亩抵消会议所产生的碳足迹 3 吨
2017 年 4 月	2017 中国绿公司年会	河南省郑州市	林业碳汇项目	通过种植碳汇林 60 亩抵消会议所产生的碳足迹 225 吨

续表

年月	会展活动名称	活动地点	碳抵消方式	碳抵消详情
2016 年 11 月	第五届国际清洁能源论坛	澳门	林业碳汇项目	通过种植碳汇林 5 亩抵消会议所产生的碳足迹 59 吨
2016 年 8 月	2016 呼伦贝尔国际游牧音乐节启动仪式	北京市	林业碳汇项目	通过种植碳汇林 25 亩抵消会议所产生的碳足迹
2016 年 8 月	第三届中国绿色碳汇节暨和盛生态修复展示活动	湖北省通山县、沈阳市康平县和内蒙古和林格县	林业碳汇项目	通过种植碳汇林 13 亩抵消会议所产生的碳足迹 30 吨
2016 年 6 月	第三届中国绿色碳汇节暨沈阳市义务植树碳汇林奠基仪式	辽宁省沈阳市康平县	林业碳汇项目	通过种植碳汇林 2 亩抵消会议所产生的碳足迹 7 吨
2016 年 6 月	第三届中国绿色碳汇节暨第 45 个世界环境日活动	湖北省咸宁市通山县	林业碳汇项目	通过种植碳汇林 5 亩抵消会议所产生的碳足迹 5 吨
2016 年 5 月	全国首个景区“零碳婚典”	江苏省苏州市	林业碳汇项目	通过种植碳汇林 5 亩抵消会议所产生的碳足迹 12 吨
2016 年 4 月	2016 中国绿公司年会论坛	山东省济南市	林业碳汇项目	通过种植碳汇林 58 亩抵消会议所产生的碳足迹 144 吨
2015 年 12 月	“建设碳汇城市应对气候变化”中国角边会	北京市	林业碳汇项目	通过购买广西平乐县林业碳汇项目抵消会议所产生的碳足迹

续表

年月	会展活动名称	活动地点	碳抵消方式	碳抵消详情
2015 年 10 月	2015 东江源造林和森林可持续经营论坛	广东省广州市	林业碳汇项目	通过种植碳汇林抵消会议所产生的碳足迹 8.4 吨
2015 年 9 月	森林文化推广交流活动	云南省普洱市	林业碳汇项目	通过种植碳汇林抵消会议所产生的碳足迹 22 吨
2015 年 6 月	中芬碳中和婚礼	北京市	林业碳汇项目	通过种植碳汇林抵消会议所产生的碳足迹 10 吨
2015 年 6 月	第二届中国绿色碳汇节暨内蒙古绰尔林业局“绿色·低碳”第二十一届万人登山运动会	内蒙古牙克石市	林业碳汇项目	通过种植碳汇林 3 亩抵消会议所产生的碳足迹 6 吨
2015 年 5 月	“航空小镇暨无人直升机应用推广”会议	广东省深圳市	林业碳汇项目	通过种植碳汇林 1 亩抵消会议所产生的碳足迹 6.4 吨
2015 年 4 月	中国绿公司年会	辽宁省沈阳市	林业碳汇项目	通过种植碳汇林 50 亩抵消会议所产生的碳足迹 123.6 吨
2015 年 4 月	第 33 届中国洛阳牡丹文化节开幕式	河南省洛阳市	林业碳汇项目	通过种植碳汇林抵消会议所产生的碳足迹 40 吨
2015 年 1 月	全国林业厅局长会议	北京市	林业碳汇项目	通过种植碳汇林 15 亩抵消会议所产生的碳足迹 50 吨

续表

年月	会展活动名称	活动地点	碳抵消方式	碳抵消详情
2014 年 11 月	绿色企业联盟环境峰会	云南省昆明市	林业碳汇项目	通过种植碳汇林 6 亩抵消会议所产生的碳足迹 8 吨
2014 年 11 月	亚太经合组织（APEC）会议周	北京市	林业碳汇项目	通过种植碳汇林 1274 亩抵消会议所产生的碳足迹 6371 吨
2014 年 10 月	第六届中国国际生态竞争力大会	山东省烟台市	林业碳汇项目	通过种植碳汇林 12 亩抵消会议所产生的碳足迹 168 吨
2014 年 10 月	全国首个碳中和婚礼	山东省潍坊市	林业碳汇项目	通过种植碳汇林 10 亩抵消会议所产生的碳足迹 6 吨
2014 年 9 月	第三届中国公益慈善项目交流展示会	广东省深圳市	林业碳汇项目	通过种植碳汇林 150 亩抵消会议所产生的碳足迹 2000 吨
2014 年 7 月	生态文明贵阳国际论坛 2014 年年会	贵州省贵阳市	林业碳汇项目	通过种植碳汇林 110 亩抵消会议所产生的碳足迹 1184 吨
2014 年 4 月	2014 中国绿公司年会	广西省南宁市	林业碳汇项目	通过种植碳汇林 55 亩抵消会议所产生的碳足迹 135 吨
2013 年 11 月	2013 年可持续金融全球峰会	北京市	CCER 项目	通过 CCER 项目抵消会议产生的碳足迹

续表

年月	会展活动名称	活动地点	碳抵消方式	碳抵消详情
2013 年 9 月	第五届中国生态文明与绿色竞争力大会	山西省大同市	林业碳汇项目	通过种植碳汇林 16 亩抵消会议所产生的碳足迹 31 吨
2013 年 6 月	首届深圳国际低碳城市论坛	广东省深圳市	林业碳汇项目	通过种植碳汇林 35 亩抵消会议所产生的碳足迹 509 吨
2013 年 6 月	2013 联合国可持续消费论坛	北京市	林业碳汇项目	通过种植碳汇林 1 亩抵消会议所产生的碳足迹 1 吨
2013 年 5 月	第一期“林业碳管理”中级课程培训	海南省陵水县	林业碳汇项目	通过种植碳汇林 3 亩抵消会议所产生的碳足迹 4.3 吨
2013 年 5 月	2013 太湖文化论坛第二届年会	浙江省杭州市	林业碳汇项目	通过种植碳汇林 15 亩抵消会议所产生的碳足迹 99 吨
2013 年 4 月	2013 中国绿公司年会	云南省昆明市	林业碳汇项目	通过种植碳汇林 66 亩抵消会议所产生的碳足迹 165 吨
2013 年 1 月	“2012 绿动中国年度盛典——见证环保绿能量”活动	北京市	CCER 项目	通过 CCER 项目抵消会议产生的碳足迹
2012 年 12 月	2012 年全国林业厅局长会议	北京市	林业碳汇项目	通过种植碳汇林 14 亩抵消会议所产生的碳足迹 39.4 吨

续表

年月	会展活动名称	活动地点	碳抵消方式	碳抵消详情
2012 年 9 月	全国低碳旅游发展大会暨“全国低碳旅游示范区”授牌仪式	北京市	林业碳汇项目	通过种植碳汇林 1 亩抵消会议所产生的碳足迹 5.4 吨
2012 年 8 月	中国绿色碳汇基金会公务出行“碳中和”暨个人义务植树碳汇造林示范基地的植树造林活动	河北省承德市兴隆县	林业碳汇项目	通过种植碳汇林 120 亩抵消会议所产生的碳足迹 27.6 吨
2012 年 4 月	2012 中国绿公司年会	湖北省武汉市	林业碳汇项目	通过种植碳汇林 60 亩抵消会议所产生的碳足迹 146.6 吨
2011 年 9 月	2011 年全国秋冬季森林防火工作会议	山东省泰安市	林业碳汇项目	通过种植碳汇林 10 亩抵消会议所产生的碳足迹 56 吨
2011 年 7 月	2011“绿色唱响．零碳音乐季”	北京市	林业碳汇项目	通过种植碳汇林 52 亩抵消会议所产生的碳足迹 567 吨
2011 年 5 月	第四届中芬低碳城市生活与节能减排论坛	广东省深圳市	VCS 项目	通过 VCS 项目抵消会议所产生的碳足迹
2011 年 4 月	2011 年中国绿公司年会	山东省青岛市	林业碳汇项目	通过种植碳汇林 53 亩抵消会议所产生的碳足迹 65.5 吨
2011 年 1 月	2011 年全国林业厅局长会议	北京市	林业碳汇项目	通过种植碳汇林 15 亩抵消会议所产生的碳足迹 49.8 吨

续表

年月	会展活动名称	活动地点	碳抵消方式	碳抵消详情
2011 年	国际竹藤组织（INBAR）2011 年公务出行	北京市	林业碳汇项目	通过种植碳汇林 8.5 亩抵消公务出行所产生的碳足迹 75 吨
2010 年 12 月	第三届“中国生态文明与绿色竞争力国际论坛”	北京市	林业碳汇项目	通过种植碳汇林 10 亩抵消会议所产生的碳足迹 15.5 吨
2010 年 10 月	联合国气候变化会议	天津市	林业碳汇项目	通过种植碳汇林 5000 亩抵消会议所产生的碳足迹 1.2 万吨
2010 年 9 月	百度世界大会	北京市	无法获取	无法获取
2010 年 1 月	2010 年“绿色唱响——零碳音乐季”活动	北京市	林业碳汇项目	通过种植碳汇林 43 亩抵消会议所产生的碳足迹 477 吨
2010 年	2010 国际竹藤组织碳中和项目	北京市	林业碳汇项目	通过种植碳汇林 7.5 亩抵消会议所产生的碳足迹 61 吨

信息和数据来源：网络收集，由于篇幅有限，本表不包括四川省 81 个会议活动碳中和项目；可能存在遗漏、数据不完整现象，以 2021 年 8 月之前案例为选择标准。

鸣　谢

家人无条件地支持让我克服一次又一次困难与挫折。

感谢 Basil Sharp 教授，他是我的博士学位导师，学术生涯领路人，引导我从一个懵懂少年向学术高峰不断攀登。

感谢任国岩教授，他亦师亦友，在工作中尤其是在本书编写过程中给予太多支持和鼓励，感激无以言表。

感谢北京林业科学研究院科学信息研究所专家兼好友李茗的指点。

感谢我的学生章敏认真细致的校对，尽职尽责的修正。

感谢所有在本书编写期间给予支持和帮助的同事、朋友、专家学者们。

感谢我的祖国，能让我在这个病毒肆虐、战乱纷争的环境中偏安一方，享受和平，安心科研，此生无悔入华夏。

王进

2022 年春